Die bayerische

Allgemeine Dienstordnung für die Staatsbehörden

vom 12. Januar 1933

Handausgabe
mit Anmerkungen und Sachverzeichnis

Von

Ministerialrat
Dr. Johann Rudolf von Schelhorn

1933

München, Berlin und Leipzig
J. Schweitzer Verlag (Arthur Sellier)

Druck von Dr. F. P. Datterer & Cie., Freising-München.

Inhaltsübersicht.

Allgemeine Vorbemerkungen.

I.

Die vom Gesamtministerium des Freistaates Bayern als allgemeine Verwaltungsverordnung im Sinn des § 61 Ziff. 6 der Verfassungsurkunde erlassene Allgemeine Dienstordnung für die Staatsbehörden (ADO.) strebt im Rahmen der gesamten Verwaltungsvereinfachung die möglichst einfache Gestaltung, Beschleunigung und Verbilligung des Dienstbetriebs bei allen Behörden und Stellen an. Ihr letztes Ziel ist darauf gerichtet, bei bestmöglich eingeschränktem Personal- und Sachaufwand befriedigende, allen billigerweise zu erhebenden Ansprüchen gerecht werdende Geschäftsergebnisse zu gewährleisten, mit tunlichst geringem Kräfte- und Sachaufwand eine möglichst vollkommene Wirkung zu erreichen.

Die Geschäftsvereinfachung ist schon seit mindestens 100 Jahren ein besonderer Gegenstand der Sorge der jeweiligen bayerischen Regierungen. Eine Allerhöchste Verordnung vom 29. Dezember 1836 (vgl. § 62 Abs. II Ziff. 2 ADO.) begann mit den Worten: „Seit Unserer Thronbesteigung ist Unser unablässiges Bestreben auf Vereinfachung der Geschäftsformen und auf Herbeiführung eines Gründlichkeit und Raschheit verbindenden Geschäftsbetriebes gerichtet."

Das nämliche Bedürfnis besteht heute in noch verstärktem Maß. Aus dem reichen Schrifttum, in dem dies zum Ausdruck kommt, sei besonders hingewiesen auf Dr. Kleindinst, Die Rationalisierung der Verwaltung, in der Bayerischen Beamtenzeitung 1931 S. 2 ff.

Aus diesem Bedürfnis heraus ist es notwendig geworden, die zur Zeit geltenden, weitzerstreuten, oft nur mit nicht unbeträchtlichem Zeitaufwand zu findenden Vorschriften über den Dienstbetrieb zu sichten, nicht mehr geltendes, aber nicht ausdrücklich aufgehobenes auszusondern, den verbliebenen Vorschriftenstoff zu bereinigen, lückenhaft gewordenes zu ergänzen und das Ganze in zeitgemäßer knapper Fassung zu einer neuen allgemeinen Dienstordnung zu vereinigen.

Wertvolle Vorarbeit hat in dieser Hinsicht auf einem besonders wichtigen Teilgebiet schon die MB. über die Vereinfachung des dienstlichen Verkehrs vom 28. April 1901 (vgl. unten § 62 Abs. II Ziff. 111) geleistet; sie beschränkt sich aber, wie ihre Bezeichnung besagt, auf den dienstlichen Verkehr und hier wieder fast ausschließlich auf den Schriftverkehr. Auf diesem Gebiet aber hat sie der ADO. als wichtigstes Vorbild gedient. Es darf schon an dieser Stelle auf die verdienstvolle Bearbeitung der MB. vom 28. April 1901 in der Schrift von Th. von der Pfordten, „Der dienstliche Verkehr und die Amtssprache" hingewiesen werden.

Bei der Abfassung der Bayerischen Allgemeinen Dienstordnung sind besonders auch die Gemeinsamen Geschäftsordnungen der Reichsministerien (GGO.)[1]) und für die höheren Reichsbehörden (GOH.), die Geschäftsordnungen des jugendlichen Thüringischen Staatswesens und nicht zuletzt die umfassendste Neuordnung des behördlichen Dienstbetriebs in der Verordnung des Württembergischen Staatsministeriums über die Dienstordnung der Staatsbehörden (DO.) vom 19. Juli 1928 zu Rat gezogen worden, zum Abschnitt D (Post-, Telegramm- und Fernsprechverkehr) auch die Verfügung des Preußischen Finanzmin. vom 9. Juli 1923, betr. geschäftliche Behandlung der Postsendungen in Staatsdienstangelegenheiten, wie die Vorschriften über die geschäftliche Behandlung der Postsendungen der Thüringischen Staatsbehörden vom 27. Februar 1928 (Amts- und Nachrichtenbl. für Thüringen, I. Teil S. 56).

II.

Die Allgemeine Dienstordnung nimmt unter den von der Kommission für Verwaltungsvereinfachung unter dem Vorsitz des Regierungspräsidenten a. D. Dr. von Winterstein ausgearbeiteten Vorschriften eine selbständige Stellung ein. Sie will auf den Gebieten, auf denen dies möglich ist, gleichmäßige, einheitliche Richtlinien für alle staatlichen Behörden und Dienststellen, gleichviel welchem Geschäftskreis sie angehören, und ob es sich um oberste, mittlere oder untere Behörden handelt, aufstellen; sie sucht gleichzeitig für die Ge-

---

[1]) Vgl. Dr Arnold Brecht, Die Geschäftsordnung der Reichsministerien in staatsrechtlicher und geschäftstechnischer Bedeutung, zugleich ein Lehrbuch der Büroreform, ferner einen Aufsatz von Dr Kaisenberg, „Die Geschäftsvereinfachung durch einheitliche Geschäftsordnungen", in der Zeitschrift für Reich und Länder 1930 S. 327.

biete, deren Regelung sie in Angriff nimmt, möglichst alles zu sagen, was zu sagen ist. Die Allgemeine Dienstordnung ist, soweit für bestimmte Behördenarten (z. B. für die Staatsministerien, die Bezirksämter) gemeinsame Geschäftsordnungen aufgestellt sind oder noch entstehen werden, weder als Mantelverordnung noch als bloße Ergänzung gedacht, so daß bestimmte Gegenstände zum Teil in ihr und in den gemeinsamen Geschäftsordnungen geregelt wären. Selbstverständlich lassen sich hier aber, wenn die eine wie die andere Dienstordnung vollständig und aus sich heraus verständlich sein soll, gewisse Berührungen und Überschneidungen nicht ganz vermeiden. In solchen Fällen wird bewußt schon in der Fassung möglichst wörtliche Übereinstimmung zwischen der Allgemeinen Dienstordnung und den Geschäftsordnungen angestrebt, um auseinandergehende Auslegung zu verhindern.

Dagegen wiederholt die Allgemeine Dienstordnung grundsätzlich keinerlei Vorschriften, die gesetzlich geregelt sind. Sie befaßt sich deshalb z. B. auch nicht mit allgemeinen Fragen des Beamtenrechts u. dgl.

III.

Durch alle Teile der Allgemeinen Dienstordnung zieht sich wie ein Faden der Gedanke der Sparsamkeit und Wirtschaftlichkeit. Besonders wertvolle Anregungen hat in dieser Hinsicht auch die aus bewährten Praktikern zusammengesetzte bayerische Kommission für Büroreform gegeben. Vielen ihrer Vorschläge ist in der Allgemeinen Dienstordnung Rechnung getragen. Besonders gilt dies für das von der Kommission für Büroreform mit Recht stark betonte Gebot der Normung. Das praktisch wichtigste Gebiet hiefür ist die Papierbeschaffung. Die Papiernormung mußte in der Allgemeinen Dienstordnung fest verankert werden. Dazu empfahl es sich, die bisher nur in dem vergänglichen Staatsanzeiger veröffentlichten Vorschriften über Papiernormung, über Beschaffung und Prüfung des Papiers in die Allgemeine Dienstordnung und ihre Anlagen aufzunehmen. Die Papiernormung ist anderseits wieder die Voraussetzung für die Normung und Typisierung von Einrichtungsgegenständen, insbesondere der Registraturschränke, Schreibtische usf. Auch die Normung der Schreibmaschinen und verschiedener Dienstgeräte steht mit ihr im Zusammenhang.

Die Allgemeine Dienstordnung behandelt in 4 Hauptabschnitten folgende Gebiete:

Im Abschnitt A (§§ 2—13) die Dienstgebäude und Diensträume, ihre Instandhaltung und Benützung, ihre Beheizung, Beleuchtung usw.,

im Abschnitt B (§§ 14—24) den Geschäftsbedarf und die Diensteinrichtungen, ihre Beschaffung und Verwaltung,

im Abschnitt C (§§ 25—46) das besonders wichtige Gebiet des dienstlichen Verkehrs, wieder geteilt in den mündlichen und den schriftlichen Verkehr,

und im Abschnitt D (§§ 47—60) unter starker Betonung des Gesichtspunkts der Sparsamkeit und Wirtschaftlichkeit den kostspieligen Post-, Telegramm- und Fernsprechverkehr.

Ein sich anschließender Abschnitt E enthält noch Schlußbestimmungen und besonders im § 62 die Aufhebung von 199 veralteten oder der neuen ADO. entgegenstehenden Vorschriften.

Im Anhang sind, wie schon berührt, die Vorschriften für die Prüfung und Lieferung des Papiers und für die Verwendung der Papiersorten neu veröffentlicht. Daran reiht sich mit Bezug auf § 59 eine Neufassung der Bestimmungen über die Vergütung für die Benützung dienstlicher Fernsprechanschlüsse in Wohnungen zu Privatgesprächen. Es folgt ein amtliches Abkürzungsverzeichnis, das, soweit als möglich und notwendig, die bisherigen zum Teil willkürlichen, nicht allgemein verstandenen Abkürzungen ersetzen soll. In seinen Vorbemerkungen wird, worauf schon hier hingewiesen werden soll, die Anführung von Gesetzen, Verordnungen und sonstigen Vorschriften, ferner von amtlichen Verkündungsblättern, Entscheidungssammlungen u. dgl. geregelt (vgl. im einzelnen die Bemerkungen zu den §§ 39 und 44). Endlich bringt die ADO. in der Anlage 4 noch eine längere Reihe von Mustern und Vordrucken, auf die jeweils bei den einschlägigen Bestimmungen Bezug genommen und verwiesen wird.

Am Schluß dieser Ausgabe ist noch wegen ihres engen Zusammenhangs mit dem § 17 ADO. die Ministerialbekanntmachung über Aktenaussonderung vom 31. März 1932 abgedruckt.

Einleitung.

§ 1.

I Die Allgemeine Dienstordnung gilt für alle Staatsbehörden*), soweit nicht für einzelne Geschäftszweige oder für einzelne Geschäfte in Gesetzen, Verordnungen oder in sonstigen Vorschriften der Staatsministerien Besonderes bestimmt ist.

II Die Amtsvorstände*) und die Dienstaufsichtsbehörden können für ihren Dienstbereich ergänzende Bestimmungen treffen.

1. Der einleitende § 1 umschreibt im Absatz I den Geltungsbereich der Allgemeinen Dienstordnung. Sie gilt grundsätzlich für alle Staatsbehörden und, wie sich aus § 61 Abs. II ergibt, auch für alle sonstigen staatlichen Dienststellen, für die Justiz wie für die Verwaltung und für alle Instanzen, von der obersten Stelle bis zur untersten Behörde und Dienststelle.

2. Die Einschränkung „soweit nicht für einzelne Geschäftszweige oder für einzelne Geschäfte in Gesetzen, Verordnungen oder in sonstigen Vorschriften der Staatsministerien besonderes bestimmt ist", wurde aus § 2 der MB., die Vereinfachung des dienstlichen Verkehrs betr., vom 28. April 1901 übernommen. Sie kann bei der Vielartigkeit der Behörden und Dienststellen und bei der Vielheit der Fälle, die zu regeln sind, nicht entbehrt werden.

Auf Grund dieses Vorbehalts bleiben auch bereits bestehende Sondervorschriften der Staatsministerien für einzelne Geschäftszweige in Kraft. Dies gilt besonders für die Notariate. Hier bestimmt § 62 Abs. IV noch ausdrücklich, daß die Vorschriften der Allgemeinen Dienstordnung auf die Notariate überhaupt nur insoweit Anwendung finden, als dies besonders angeordnet ist.

Eine weitere Einschränkung der vollen Geltung der ADO. kann sich aus dem Nachsatz des § 61 Abs. II Satz 1 ergeben.

3. Den „Staatsbehörden" sind in der Fußnote zu § 1 und im § 61 Abs. II die sonstigen „staatlichen Dienststellen" gegenübergestellt. Die Bezeichnung „Dienststelle" reicht besonders weit. Während „Stelle" in Bayern nach dem überkommenen Sprachgebrauch die höhere Behörde bezeichnet, umfaßt „Dienststelle" auch die kleinste Stelle. Dabei kommt es für die Anwendbarkeit der ADO. nicht darauf an, ob die einzelne Dienststelle als öffentliches Amt anzusehen ist oder nicht, ob sie Anstalts-, Stiftungscharakter trägt usw.

4. Der Personenkreis, für den die ADO. Bestimmungen trifft, umfaßt nach § 61 Abs. II die Beamten, die staatlichen Angestellten (mit Einschluß der Zeitangestellten), die Staatsdienstanwärter und die übrigen im staatlichen Vorbereitungsdienst stehenden Personen.

---

*) Wegen der sonstigen staatlichen Dienststellen und ihrer Leiter vgl. § 61 Abs. II.

Den „Vorständen" der Staatsbehörden entsprechen nach § 61 Abs. II die „Leiter" der sonstigen staatlichen Dienststellen.

5. Abs. II enthält die scheinbar selbstverständliche Vorschrift, daß die Amtsvorstände für ihren Dienstbereich ergänzende Bestimmungen treffen, und daß solche auch die Dienstaufsichtsbehörde anordnen kann. Die Vorschrift steht in Beziehung zu § 61 Abs. I, wo es den Amtsvorständen und den Dienstaufsichtsbehörden zur Pflicht gemacht wird, dem Vollzug der Allgemeinen Dienstordnung dauernd ihre Aufmerksamkeit zu widmen und fortgesetzt auf Verbesserungen des Dienstbetriebs hinzuwirken.

Für die Regierungen werden die Regierungspräsidenten mit Genehmigung der Staatsministerien des Innern und der Finanzen im Rahmen der Allgemeinen Dienstordnung für die Staatsbehörden Geschäftsordnungen erlassen.

Abschnitt A: Dienstgebäude, Diensträume, Hausordnung.

Vorbemerkungen zum Abschnitt A.

(§§ 2—13.)

I.

Der erste Hauptabschnitt der Allgemeinen Dienstordnung behandelt die Örtlichkeiten, in denen sich der Dienstbetrieb abspielt, die Dienstgebäude und Diensträume, sowie die Frage der Aufstellung einer besonderen Hausordnung. Die ADO. entspricht damit der Reihenfolge der Württembergischen Dienstordnung, während in den Gemeinsamen Geschäftsordnungen der Reichsministerien und für die höheren Reichsbehörden Bestimmungen über den Geschäftsverteilungsplan und über die geschäftliche und sachliche Behandlung der Eingänge vorangestellt sind. Die Frage des Geschäftsplans ist im § 23 ADO. behandelt, während die Regelung der Einlaufsbehandlung auch in Bayern den Geschäftsordnungen (für Behördenarten oder für einzelne Behörden) überlassen wird. Der Allgemeinen Dienstordnung ist es weniger um die Regelung des rein inneren Dienstbetriebs, als — nach dem Vorgang der MB., die Vereinfachung des Dienstverkehrs betr., vom 28. April 1901 — um den auch nach außen hervortretenden Dienstverkehr zu tun.

Von den Dienstgebäuden

handeln die §§ 2—4. Sie befassen sich mit der Instandhaltung, Beheizung, Beleuchtung und Reinigung und endlich mit der gelegentlichen Beflaggung und Schmückung der Dienstgebäude.

Die Diensträume

und ihre Benützung werden in den §§ 5—12 behandelt und zwar regelt § 5 zunächst die Zuweisung der Dienstzimmer und der Arbeitsplätze und § 6 die Einrichtung der Arbeitsräume. Die §§ 7 und 8 handeln von einigen besonderen Diensträumen (Warte- und Anmeldezimmern, Ablege- und Einstellräumen). Die §§ 9—11 bringen für den Verkehr in den Diensträumen einige notwendige Beschränkungen (Hausier- und Handelsverbot, Verbot politischer Betätigung, Einschränkung des Rauchens). Anschließend wird im § 12 noch die Behandlung von Funden geregelt, die in den Geschäftsräumen gemacht werden.

II.

Schon einleitend sei hier, aber auch für die weiteren Abschnitte auf die verdienstvollen Arbeiten des Deutschen Instituts für wirtschaftliche Arbeit in der öffentlichen Verwaltung — DIWIV. — (Geschäftsstelle: Berlin W 8, Charlottenstraße 50/51) hingewiesen, das sich zur Aufgabe gestellt hat, vor allem die Ergebnisse der privatwirtschaftlichen Arbeit auf ihre Verwertbarkeit für die behördlichen Einrichtungen zu prüfen, sie zu verarbeiten und auf Mitberücksichtigung der behördlichen Anforderungen durch die Privatwirtschaft hinzuwirken, und das anderseits die Ergebnisse der amtlichen Arbeiten in den verschiedenen Behörden sammelt, die gegenseitige Kenntnis der Arbeiten, Einrichtungen und Methoden zur wirtschaftlichen Verwaltung, besonders zwischen dem Reich, den Ländern und den Gemeinden vermittelt. Das Institut entfaltet nicht nur fortgesetzt durch zahlreiche Veröffentlichungen eine unermüdliche Tätigkeit; es unterhält auch dauernd eine Auskunftsstelle über Neuerungen bei den Behörden, besonders auf dem Gebiet der Büroreform und eine Musterausstellung „Gang durch ein neuzeitliches Behördenbüro", in der erprobte und empfehlenswerte Arbeitsmaschinen, Arbeitsgeräte, Büro-Möbel und -Hilfsmittel, bürotechnische Neuerungen und Untersuchungsergebnisse gezeigt werden.

In enger Fühlung mit dem Deutschen Institut für wirtschaftliche Arbeit in der öffentlichen Verwaltung steht das Reichskuratorium für Wirtschaftlichkeit (RKW.) und der bei ihm gebildete Ausschuß für wirtschaftliche Verwaltung (AWV.). Im Auftrag des Vorstands des RKW. hat dessen geschäftsführendes Vorstandsmitglied Dr Fritz Reuter ein Handbuch der Rationalisierung herausgegeben.

Der Bayer. Kommunalschriften-Verlag hat das Schrifttum über die Rationalisierung in der öffentlichen Verwaltung zusammengestellt. Bei ihm ist auch ein Heft „Wirtschaftliche Arbeit in der öffentlichen Verwaltung", herausgegeben von der Verwaltungsakademie München, 1929 erschienen.

Über die Fürsorge- und Schutzpflicht des Staates gegenüber seinen Beamten, insbes. bei der Einrichtung und Unterhaltung der Räume, Vorrichtungen und Gerätschaften und der Regelung der Dienstleistungen vgl. Bayer. Beamtenzeitung 1932 S. 383.

Instandhaltung der Dienstgebäude. Verhütung von Feuer-, Diebstahl- und sonstigen Schäden. Amtsschilder.

§ 2.

I Für die Benützung und Unterhaltung der zu Dienstzwecken bestimmten Gebäude oder Gebäudeteile sind die hiefür geltenden besonderen Vorschriften maßgebend.

II Der Amtsvorstand oder die von ihm beauftragten Personen haben besonderes Augenmerk auf die Verhütung von Schäden durch Feuer, Diebstahl oder Einbruch und auf ordnungsmäßige Benützung aller technischen Einrichtungen zu richten.

III Das Eigentum des bayerischen Staates wird gegen Feuersgefahr nur versichert, wenn dies besonders vorgeschrieben ist; im übrigen gilt der Grundsatz der Selbst- (Nicht-) versicherung des Staates. Nur in ganz besonders gelagerten Ausnahmefällen ist nach Entscheidung des vorgesetzten Staatsministeriums, das hiewegen mit dem Staatsministerium der Finanzen ins Benehmen tritt, eine Feuerversicherung einzugehen. Der Grundsatz der Selbst-(Nicht-)versicherung des Staates gilt in gleicher Weise für andere Versicherungsarten, z. B. gegen Diebstahl, Haftpflicht, Transport-, Wasserschaden, Viehverluste u. dgl. Soweit staatliches Eigentum ausnahmsweise zu versichern ist, hat dies grundsätzlich bei der für die fragliche Versicherungsart bestehenden staatlich geleiteten Versicherungsanstalt zu geschehen.

IV Die Amtsschilder sind in würdigem Zustand zu erhalten. Bei der Neuanschaffung und Neubemalung von Amtsschildern ist mit dem zuständigen Landbauamt ins Benehmen zu treten.

1. Die allgemeinen Vorschriften über die Benützung und Unterhaltung der Staatsgebäude gehen zurück auf die noch heute geltende Allerh. Verordnung, die Benützung und Unterhaltung der Staatsgebäude betr., vom 28. Februar 1851 (RBl. S. 161; Weber Bd. IV S. 218), die noch nicht erneuert werden konnte. Durch die ADO. wird die hiernach bestehende Zuständigkeit der Staatsbaubehörden nicht berührt; es ist aber unbedingt notwendig, daß der Gebäudeinhaber die Baubehörde in der Sorge für die Instandhaltung des Dienstgebäudes als guter Hausvater wirksam unterstützt. Auf Veranlassung des Amtsvorstands hat das zur Erhaltung und Unterhaltung des Gebäudes zu geschehen, was notwendig und zweckmäßig durch den an Ort und Stelle anwesenden Gebäudeinhaber einzuleiten ist. Dies ist um so nötiger, je spärlicher die Mittel für die Gebäudeunterhaltung bemessen sind; und je ängstlicher darüber gewacht werden muß, daß sie nur streng wirtschaftlich verwendet werden. Auch in Zeiten der Wirtschaftsnot kann das unumgänglich Notwendige nicht unterbleiben. Aus wirtschaftlichen Gründen muß vor allem auch dafür gesorgt werden, daß nicht durch Unterlassung folgenschwerer Maßnahmen u. U. später viel höhere Kosten erwachsen, als wenn durch ständige Aufmerksamkeit und durch nach Maßgabe der Mittel immerhin noch mögliche rechtzeitige Vorkehrungen die Entstehung schwereren Schadens verhindert worden wäre.

Der Gebäudeinhaber ist insbesondere auch schon nach der Verordnung vom 28. Februar 1851 verpflichtet, die zuständige Baubehörde von größeren Bauschäden unverzüglich zu unterrichten.

2. Im Abs. II handelt es sich vor allem auch um die an Ort und Stelle zu treffenden, ständig zu unterhaltenden Vorkehrungen gegen Brandgefahr, Wasserschaden, Frostgefahr, gegen Unfallgefahr, insbes. auch bei Glatteis, um die Überwachung und Bedienung von Wasserleitungen, Strom- und

Gas- (etwaigen Ferngas-) leitungen u. dgl. Die verkehrssichere Beleuchtung der Zugänge, Treppen, Gänge und Diensträume betont noch besonders § 3 Abs. II.

Des Zusammenhangs wegen werden im Abs. II auch die Vorkehrungen gegen Einbruch- und Diebstahlsgefahr erwähnt, wenn es sich hier auch weniger um Schutz des Gebäudes als der Einrichtungsgegenstände handelt.

3. Mit den Vorschriften über die Erhaltung und die allgemeine Sicherung der Gebäude und Diensträume hängt die Frage der Versicherung gegen Feuersgefahr, Wasserschaden usw., weiterhin gegen Haftpflicht, Diebstahl usf. zusammen. Sie wird im Abs. III für Immobiliar- und Mobiliarschäden einheitlich behandelt und zwar grundsätzlich gleich ablehnend für die verschiedensten Versicherungsarten. Das Staatsministerium der Finanzen hat schon in der Bekanntmachung über die Versicherung des bayerischen Staates gegen Personen- und Sachschäden vom 24. September 1921 (aufgehoben im § 62 Abs. II Ziff. 161 ADO.) den Grundsatz der Selbst- (Nicht-) versicherung des Staates aufgestellt. Der Staat ist auch nach der FMB. vom 5. August 1924 (FMBl. S. 113) für sämtliche Staatsgebäude aus der Brandversicherungsanstalt ausgetreten mit Ausnahme der Gebäude, die in die Baunotversicherung aufgenommen sind, und „bis auf weiteres" mit Ausnahme der Gebäude einiger staatlicher Betriebe.

Soweit staatliches Eigentum ausnahmsweise zu versichern ist, hat dies grundsätzlich bei der staatlich geleiteten Versicherungsanstalt zu erfolgen.

4. Eine weitere Bestimmung über Versicherung, gleichfalls verneinenden Inhalts, enthält noch der § 20 Abs. III über Dienstkraftwagen. Er besagt, daß Dienstkraftwagen nicht versichert werden. Der Staat haftet als Halter des Fahrzeugs nach den gesetzlichen Vorschriften. Den Fahrzeugführern wird empfohlen, sich gegen ihre dem Staat gegenüber bestehende Haftpflicht zu versichern.

Der Vollständigkeit wegen sei auch auf § 52 Abs. I hingewiesen, wonach auch Wertsendungen nicht besonders zu versichern sind.

5. In etwas loserem Zusammenhang mit dem Vorhergehenden steht die Vorschrift des Abs. IV über Amtsschilder. Die Anweisung, daß bei der Neuanschaffung und Neubemalung von Amtsschildern mit dem zuständigen Landbauamt ins Benehmen zu treten ist, stammt aus der Ministerialbekanntmachung über die Führung des Wappens des Freistaates Bayern vom 22. März 1924 (GVBl. S. 83). Hier findet sich auch noch die Übergangsbestimmung, daß die bisherigen Amtsschilder weiter verwendet werden können, wenn die Kennzeichen der früheren Staatsform entfernt werden.

Beheizung. Beleuchtung. Reinigung.

§ 3.

I Für rechtzeitige und ausreichende, aber sparsame Beheizung der Diensträume ist zu sorgen.

II Die Zugänge, Treppen, Gänge und Diensträume sind in sparsamer, aber ausreichender und verkehrssicherer Weise zu beleuchten.

III Alle Räume und deren Einrichtungsgegenstände sind unter Vermeidung von Störungen des Dienstbetriebs regelmäßig zu reinigen; Bücher und Akten sind dabei zu entstauben.

IV Die Diensträume müssen täglich gehörig durchlüftet werden.

1. Zu der Sorge für die bauliche Unterhaltung der Dienstgebäude und Diensträume und für ihre allgemeine Sicherung tritt die Fürsorge für die Verwendungsfähigkeit der Diensträume, namentlich für ihre geregelte Beheizung, Beleuchtung und Reinigung. Entscheidend ist hier die gesundheitliche Rücksichtnahme auf die Inhaber und auf die Besucher der Diensträume; auch der Gesichtspunkt der Sparsamkeit und Wirtschaftlichkeit darf bei der Beheizung und der Beleuchtung nicht aus dem Auge gelassen werden. Wegen der vorbehaltenen besonderen Anordnungen über den Bezug von Brennstoffen und über die Beschaffung von Glühbirnen vgl. § 14 Satz 5.

2. Abs. I schreibt insbesondere auch die rechtzeitige Beheizung der Diensträume (vor Beginn der allgemeinen Dienststunden und nötigenfalls in den Dienstpausen) vor. Dies gilt namentlich auch dann, wenn die Räume infolge der Sonntags- oder mehrtägiger Pause ausgekältet sind.

3. Aus der Vorschrift „sparsamer" Beheizung ergibt sich anderseits, daß jedes Übermaß in der Heizung zu vermeiden ist, was sich auch schon aus gesundheitlichen Gründen empfiehlt. Es ist auch einigermaßen darauf Rücksicht zu nehmen, daß die Besucher zumeist ihre Überkleider nicht ablegen und aus den beheizten Diensträumen wieder in die Straßenkälte zurückkehren.

Als unentbehrlicher Einrichtungsgegenstand kommt für jeden Dienstraum ein Wärmemesser (Thermometer) in Frage. Neuerdings werden solche Wärmemesser auch in der Weise in die Zimmerwand eingebaut, daß sie auch vom Gang aus abgelesen werden können.

4. Zur Verhütung von Schaden, aber auch von unwirtschaftlicher Verschwendung empfiehlt sich, wie dies im § 7 der württembergischen Dienstordnung ausdrücklich angeordnet ist, ein täglicher Kontrollrundgang eines verlässigen Beamten oder Angestellten am Abend, nach Bedarf gegebenenfalls auch in der Mittagspause durch alle Räume mit Feuerstellen, Beleuchtungskörpern und Wasserleitungen.

5. Der Amtsvorstand hat auch dafür Sorge zu tragen, daß der dem Staat als Hauseigentümer obliegenden Straßenreinigungspflicht entsprochen wird. Keines besonderen Hinweises bedarf es, daß auch auf die regelmäßige Vornahme der Schornsteinreinigung, der Säuberung der Öfen und Rauchrohre, der Kessel von Sammelheizungen und der Entleerung der Müll- und Senkgruben usw. zu achten ist.

Beflaggung und Schmückung der Dienstgebäude.

§ 4.

I Die Beflaggung und die Schmückung der Dienstgebäude wird angeordnet:

1. bei allgemeinem Anlaß vom Staatsministerium des Äußern, für Wirtschaft und Arbeit;

2. bei örtlichem Anlaß
a) ohne politische Bedeutung
für die Landeshauptstadt vom Staatsministerium des Äußern, für Wirtschaft und Arbeit,
für die Kreishauptstädte — außer München — vom Regierungspräsidenten,
für die anderen kreisunmittelbaren Städte mit staatlicher Polizeiverwaltung vom Vorstand der Polizeidirektion (des Staatspolizeiamtes), im übrigen vom Vorstand des Bezirksamts;
b) mit politischer Bedeutung
für die Landeshauptstadt vom Staatsministerium des Äußern, für Wirtschaft und Arbeit,
im übrigen vom Regierungspräsidenten.

II Die Dienstgebäude werden vorbehaltlich anderer allgemeiner oder besonderer Anordnung des Staatsministeriums des Äußern, für Wirtschaft und Arbeit, insbesondere über die Beflaggung in den Reichsfarben, in den bayerischen Landesfarben beflaggt. Wird aus einem Traueranlaß beflaggt, so werden die Flaggen mit Trauerflor versehen oder halbmast aufgezogen.

III Zur Schmückung bei Anlässen, die nur ein einzelnes Amts- oder Anstaltsgebäude berühren, ist die Genehmigung des vorgesetzten Staatsministeriums zu erholen.

IV Anordnungen über Beflaggung und Schmückung der Dienstgebäude sind den am Ort befindlichen Reichsbehörden mit Einschluß der Stellen der Reichsbahn, der Reichsbank und der Reichsanstalt für Arbeitsvermittlung und Arbeitslosenversicherung sowie den Gemeinderäten mitzuteilen. Befinden sich am Ort mehrere Reichsbehörden des gleichen Geschäftszweigs, so wird die oberste Stelle verständigt.

V Die Beflaggung und Schmückung der Dienstgebäude bei der Fronleichnamsprozession bemißt sich nach dem Herkommen.

1. § 4 ersetzt die Ministerialbekanntmachung, die Beflaggung und Schmückung der Zivilstaatsgebäude betr., vom 31. Juli 1900 und die Entschließung der Staatsministerien des Innern und der Finanzen gleichen Betreffs vom 10. August 1900 (nachstehend aufgehoben im § 62 Abs. II unter Ziff. 106 und 107).

2. Die Beflaggung in den Landesfarben wird wie bisher als die Regel angeordnet. Das Gesamtministerium geht dabei von der Erwägung

aus, daß ein Staat keine größere Ehrung erweisen kann, als zum Zeichen der Anteilnahme an Begebenheiten die Dienstgebäude in seinen Farben zu beflaggen.

In besonderen Fällen wird durch besondere Anordnung der Staatsregierung die Mitverwendung der Reichsflagge neben der Landesflagge angeordnet. Allgemeine Anordnungen hierüber bestehen nicht.

Zuweisung der Dienstzimmer und Arbeitsplätze.

§ 5.

I Jeder Dienstraum wird mit einer fortlaufenden Nummer versehen.

II Die Dienstzimmer und die Arbeitsplätze werden durch den Amtsvorstand oder den von ihm bestimmten Beamten so verteilt, wie es für die Erfüllung der Dienstaufgaben und die Zusammenarbeit der Beamten zweckmäßig erscheint. Sie dürfen nur mit seiner Einwilligung gewechselt werden.

III Name und Amtsbezeichnung der Beamten, ihre Sprechstunden (§ 27) und, wo geboten, ihre Geschäftsaufgabe (§ 23) werden auf einem Schild an der Außenseite der Zimmertüre angeschrieben. Bei längerer Abwesenheit des Beamten ist dort anzugeben, wo er zu erreichen ist oder wer ihn vertritt; dies ist gegebenenfalls auch beim Fernsprechumschalter zu hinterlassen.

IV In der Nähe des Hauseingangs großer Dienstgebäude sind Gebäudepläne nebst Übersichten über die Verteilung der Beamten und, soweit geboten, über ihre Dienstaufgaben auszuhängen. Nach Bedarf sind in den Gängen Wegweiser zu den einzelnen Diensträumen anzubringen.

V Soweit eine Person zur Überwachung des Verkehrs am Hauseingang aufgestellt ist, erteilt sie auch Auskunft über die Geschäftsverteilung der Behörde und über die Dienstzimmer der in Frage kommenden Beamten.

1. Ähnlich wie nach § 71 Abs. (1) der Gemeinsamen Geschäftsordnung für die höheren Reichsbehörden ist für die Verteilung der Diensträume und der Arbeitsplätze leitender Gesichtspunkt: Was ist für die Erfüllung der Dienstaufgaben und für die rasche und einfache Zusammenarbeit der Beamten zweckmäßig?

2. Zu Abs. III ist zu bemerken, daß besonders auch der Name und das Dienstzimmer des Vertreters eines beurlaubten oder erkrankten Beamten anzuschreiben ist.

3. Nach Abs. V muß der Pförtner über die Geschäftsverteilung der Behörde möglichst unterrichtet und imstande sein hierüber Auskunft zu geben. Bei ihm wird gegebenenfalls zweckmäßig eine Ausfertigung des Geschäftsplans (§ 23) aufzulegen sein.

Einrichtungsgegenstände.

§ 6.

I Der Beamte, der mit der Verteilung der Dienstzimmer betraut ist, entscheidet über die Zuweisung der vorhandenen Einrichtungsgegenstände, sorgt für ihre Instandhaltung und veranlaßt die notwendigen Neuanschaffungen. Ohne seine Einwilligung dürfen Einrichtungsgegenstände nicht aus den einzelnen Diensträumen entfernt werden.

II Die Dienstzimmer sollen einfach und zweckentsprechend ausgestattet sein. Bei der Neubeschaffung von Einrichtungsgegenständen ist auf zweckmäßige Ausgestaltung und gute Beschaffenheit bei sparsamer Ausführung zu achten. Die Herausgabe entsprechender Vorlagen für die Normung von Büromöbeln bleibt vorbehalten.

III Die zur Arbeit benötigten Hilfsmittel (Bücher, Karteien, Vordrucke, Fernsprecher usw.) sollen so untergebracht sein, daß sie der Beamte von seinem Arbeitsplatz aus rasch zur Hand hat.

IV Die Einrichtungsgegenstände müssen pfleglich behandelt werden; ihr Abhandenkommen oder ihre Beschädigung ist unverzüglich zu melden.

V Die Einrichtungsgegenstände sind nach den hierüber bestehenden Vorschriften in den Verzeichnissen des staatlichen Fahrnisvermögens vorzutragen. Nach diesen Vorschriften richtet sich auch die Verwertung entbehrlicher Gegenstände. Soweit ein Bedürfnis besteht, sind in den einzelnen Diensträumen Verzeichnisse der darin befindlichen Einrichtungsgegenstände anzubringen.

1. Hinsichtlich der Wärmemesser (Thermometer) s. Bem. 3 zu § 3.

2. Abs. V handelt von den sog. Inventarverzeichnissen. Wir besitzen in Bayern aus jüngerer Zeit eingehende Vorschriften über die Verzeichnisse des staatlichen Fahrnisvermögens in der Bekanntmachung sämtlicher Staatsministerien vom 28. April 1925 (GVBl. S. 145), die sich auf das gesamte bewegliche Vermögen des Staates beziehen. Diese Vorschriften regeln auch die Verwertung entbehrlicher Gegenstände durch Tausch, Veräußerung durch die zuständige Finanzbehörde (in der Regel im Weg öffentlicher Versteigerung), Abgabe an andere Behörden, letzten Endes auch als Brennmaterial.

Warte- und Anmeldezimmer.

§ 7.

Wenn es notwendig und möglich ist, sind in den Dienstgebäuden entsprechend ausgestattete, bei kalter Witterung zu heizende Warte- und Anmeldezimmer einzurichten.

Ablege- und Einstellräume.

§ 8.

I Für die sichere Verwahrung der Kleidungsstücke und Fahrräder, die in besonderen von der Behörde hiefür bereitgestellten Ablege- und Einstellräumen untergebracht sind, ist Sorge zu tragen.

II Soweit nach den örtlichen Verhältnissen die Benützung von Fahrrädern innerhalb des Ortes des Amtssitzes keinem unabweisbaren Bedürfnis entspricht, kann der Amtsvorstand den bei der Behörde beschäftigten Beamten das Mitbringen von Fahrrädern in das Dienstgebäude untersagen.

1. § 8 Abs. I geht zurück auf die MB. über die Haftung der Vorstände von Behörden und staatlichen Anstalten bei Diebstählen vom 24. Juni 1924 (StAnz. Nr. 149, JMBl. n. F. Bd. II S. 246; nunmehr aufgehoben durch § 62 Abs. II Ziff. 179 ADO.). Sie machte es den Vorständen der Behörden und staatlichen Anstalten unter Hinweis auf ihre etwaige Ersatzpflicht gegenüber dem Staat, nachdrücklich zur Pflicht, für die sichere Verwahrung von Kleidungsstücken und Fahrrädern zu sorgen, die von Beamten und Angestellten zum Dienst oder von Schülern zum Unterricht mitgebracht werden.

2. § 8 Abs. II ist namentlich dann von Bedeutung, wenn die Bereitstellung diebessicherer Einstellräume für Fahrräder Schwierigkeiten verursacht. An sich ist gewiß nichts dagegen einzuwenden, daß entfernter wohnende Beamte sich des Fahrrads bedienen.

Hausier- und Handelsverbot. Plakate.

§ 9.

I Geschäftsreisenden und Hausierern, die private Bestellungen bei Beamten aufsuchen wollen, ist das Betreten der Diensträume verboten. Hierauf ist in Anschlägen hinzuweisen. Geschäftsvertreter, welche die Behörde als solche in Geschäftsangelegenheiten besuchen wollen, sind zu den hiefür zuständigen Stellen vorzulassen.

II In besonderen Fällen können die Amtsvorstände Ausnahmen von Abs. I Satz 1 zulassen, soweit die Deckung von Büro- und Schulbedürfnissen in Frage kommt.

III Den Beamten und ihren Bezugsgemeinschaften ist in den Diensträumen jeder Warenabsatz, das Auslegen und Verteilen von Waren, das Sammeln von Bestellungen usw. untersagt.

IV Plakate, Ankündigungen und Anpreisungen jeder Art dürfen in den Dienstgebäuden nur mit Genehmigung des Amtsvorstands oder des von ihm bestimmten Beamten angeschlagen werden.

§ 9 wiederholt das schon bisher für Diensträume bestehende Hausier-

und Handelsverbot. Die seitherigen Vorschriften werden im § 62 Abs. II Ziff. 133, 150, 178 u. 188 aufgehoben; aus der ME., betr. Hausierhandel mit Papier- und Schreibwaren, vom 7. Mai 1924 (§ 62 Abs. II Ziff. 175) wurde jedoch in den § 14 ADO. die Bestimmung übernommen, daß der Geschäftsbedarf möglichst bei ortsansässigen Geschäften zu decken ist, die Gewähr für gute Beschaffenheit der Ware bei angemessenen Preisen übernehmen.

Württemberg verbietet (im § 21 Abs. II seiner DO.) auch noch ausdrücklich die Vermittlung von Versicherungen in Diensträumen.

Vgl. auch die MB. über Maßnahmen gegen Doppelverdienst bei Beamten und Angestellten des Staates vom 16. Juni 1932 (GVBl. S. 257).

Politische Betätigung.

§ 10.

Die Bildung sog. politischer Zellen innerhalb einer Behörde, das Verteilen von Flugblättern und Flugschriften sowie die Verbreitung von Listen zu politischen Zwecken in den Dienstgebäuden ist verboten. Politische Abzeichen dürfen im Dienst nicht getragen werden.

§ 10 verbietet jede parteipolitische Betätigung in den Dienstgebäuden.

Rauchen in Diensträumen.

§ 11.

In den Diensträumen, die dem öffentlichen Verkehr dienen, soll während der Verkehrsstunden nicht geraucht werden. Der Amtsvorstand kann nach Bedarf weitere Beschränkungen treffen.

Satz 1 entspricht dem § 65 Satz 1 der Gemeinsamen Geschäftsordnung für die höheren Reichsbehörden und dem § 20 der württembergischen Dienstordnung, Satz 2 deckt sich mit § 65 Satz 2 der Gemeinsamen Geschäftsordnung für die höheren Reichsbehörden. Der Amtsvorstand wird das Rauchen besonders in den Aktenräumen und Büchereien sowie in sonstigen Räumen verbieten, in denen besondere Feuersgefahr besteht. Die württembergische Dienstordnung enthält ein derartiges allgemeines Verbot.

Fundsachen.

§ 12.

Werden in den Geschäftsräumen Sachen gefunden, so ist nach den §§ 978—983 des Bürgerlichen Gesetzbuchs und nach der Bekanntmachung sämtlicher Staatsministerien vom 2. Dezember 1899 (GVBl. S. 994) zu verfahren.

1. Die §§ 978ff. BGB. behandeln den Fund in öffentlichen Räumen. § 978 verpflichtet den Finder, die Fundsache unverzüglich an die Behörde abzuliefern. § 979 ermächtigt die Behörde, die abgelieferte Sache öffentlich versteigern zu lassen; die Versteigerung ist jedoch nach § 980 erst zulässig, nachdem die Empfangsberechtigten ergebnislos in einer öffentlichen Bekanntmachung unter Bestimmung einer Frist zur Anmeldung ihrer Rechte

aufgefordert worden sind. § 982 ermächtigt die Obersten Landesbehörden, Vorschriften über diese Bekanntmachung zu erlassen. § 983 erklärt die §§ 979—982 auch dann für entsprechend anwendbar, wenn sich eine öffentliche Behörde im Besitz einer Sache befindet, zu deren Herausgabe sie verpflichtet ist, ohne daß die Verpflichtung auf Vertrag beruht, der Behörde aber der Empfangsberechtigte oder sein Aufenthalt unbekannt ist.

2. In der MB., Ausführungsvorschriften zu den §§ 980, 981, 983 des BGB. betr., vom 2. Dezember 1899 (GVBl. S. 994) werden für Bayern die Bekanntmachungen geregelt, die in Fundsachen von Staats- und Gemeindebehörden, von Staats- und Gemeindeanstalten sowie von Verkehrsanstalten, die von einer Privatperson betrieben werden, zu erlassen sind.

3. Das Wort „Geschäftsräume", das auch im § 978 BGB. gebraucht ist, reicht noch weiter als die Bezeichnung „Diensträume".

Hausordnung. Besondere Dienstanweisungen.

§ 13.

I Soweit erforderlich, ist für das Dienstgebäude eine Hausordnung aufzustellen, die die wichtigsten Bestimmungen über die Benützung und Sicherung des Gebäudes sowie über den Verkehr im Gebäude enthält; Abschrift oder Auszug aus der Hausordnung ist an geeigneter Stelle auszuhängen.

II Nach Bedarf sind besondere Dienstanweisungen für den Haus- und Botendienst zu erlassen.

1. § 13 beschließt den Abschnitt A der ADO. mit der Vorschrift, soweit erforderlich, eine Hausordnung für das Dienstgebäude und besondere Dienstanweisungen für den Haus- und Botendienst zu erlassen. Ähnliches bestimmt auch die württembergische Dienstordnung; sie enthält im § 14 auch noch Einzelvorschriften über die Verhütung von Brandgefahr. Diese werden vom Finanzministerium als „Kanzleifeuerordnung" zusammengestellt. Die einzelnen Behörden fügen noch die besonderen Anordnungen für ihre Dienstgebäude bei. Jeder Beamte des Hausdienstes erhält einen Abdruck. Mindestens ein Abdruck ist auch in jedem Dienstgebäude aufzuhängen.

2. Abs. II ist dem § 61 Abs. (2) der Gemeinsamen Dienstordnung für die höheren Reichsbehörden nachgebildet. Nicht übernommen wurde die Bestimmung, daß die fraglichen Dienstanweisungen in den betreffenden Diensträumen auszuhängen sind, weil allzuviele Aushänge schließlich nicht mehr gelesen zu werden pflegen.

Abschnitt B: Geschäftsbedarf. Diensteinrichtungen.

Vorbemerkungen zum Abschnitt B.

(§§ 14—24.)

I.

Der Abschnitt B handelt von dem Geschäftsbedarf und den Diensteinrichtungen. „Geschäftsbedarf" und „Diensteinrichtungen" bilden keinen scharfen Gegensatz. Auf die Auseinanderhaltung der beiden Begriffe kommt auch nicht allzuviel an. Immerhin läßt sich sagen, daß unter „Geschäftsbedarf" alles verstanden wird, was die Behörden laufend als Material zur Erledigung der Dienstgeschäfte benötigen. Dazu gehört ganz besonders der Schreibbedarf.

Zu den „Diensteinrichtungen" zählen die Schreib- und sonstigen Büromaschinen, die Dienstkraftwagen usw., also größere, einmal beschaffte Gegenstände. Nicht scharf zu trennen sind sie von den im § 6 behandelten „Einrichtungsgegenständen".

Von „Gegenständen des Geschäftsbedarfs" spricht auch die Geschäftsordnung für das Thüringische Finanzministerium (unter Nr. 23). Die Gemeinsame Geschäftsordnung für die höheren Reichsbehörden spricht allgemein von „Dienstgerät" und versteht darunter Schreibmaschinen, Bücher, Papier, Tinte, Federhalter usw. Dort findet sich auch ein Vorbild für die Bestimmung des § 14 Satz 2 ADO., daß der Geschäftsbedarf durch einen hiefür bestimmten Beamten beschafft und verwaltet wird. Thüringen spricht von einer „Materialbeschaffungsstelle", die Gemeinsame Geschäftsordnung für die höheren Reichsbehörden (§ 72) von der „Vorratsverwaltung".

II.

Hinsichtlich des Schreibbedarfs wird in Bayern herkömmlich zwischen dem großen Schreibbedarf (Tinte, Papier, Löschpapier) und dem kleinen Schreibbedarf (Federn, Federhalter, Bleistift, Tintenstift, Messer, Radiergummi, Lineal, Linienblatt) unterschieden. Den kleinen Schreibbedarf haben die Beamten nach den Ministerialbekanntmachungen vom 2. Februar 1922 (StAnz. Nr. 28, FMBl. S. 19) und vom 13. Mai 1924 (StAnz. Nr. 113, FMBl. S. 103) grundsätzlich selbst zu beschaffen. Sie sollten dafür die gleichzeitig festgesetzten Vergütungen erhalten.

Durch die MB. über den Schreibbedarf der Aushilfsschreibkräfte vom 17. April 1929 (GVBl. S. 60) wurde diese Regelung auch auf die Aushilfsschreibkräfte, nicht aber auf sonstige Zeitangestellte ausgedehnt.

Die Vergütung für die Beschaffung des kleinen Schreibbedarfs ist im Rahmen der außerordentlichen Sparmaßnahmen durch die Verordnung zum Vollzuge des Staatshaushalts vom 20. August 1931 (StAnz. Nr. 197, GVBl. S. 223) auf unbestimmte Zeit eingestellt worden.

III.

Im Abschnitt B sind auch die Dienstausweise der Beamten (§ 22), ferner der Geschäftsplan der Behörden (§ 23; vgl. hierzu die Vorbemerkungen zum Abschnitt A unter I) behandelt und allgemeine Richtlinien über die Aktenverwaltung aufgestellt (§ 24).

Beschaffung und Verwaltung des Geschäftsbedarfs.

§ 14.

Bei der Beschaffung und Verwendung des Geschäftsbedarfs ist tunlichste Sparsamkeit zu üben. Der Geschäftsbedarf wird nach Weisung des Amtsvorstands durch den hiefür bestimmten Beamten beschafft und verwaltet. Er ist möglichst bei ortsansässigen Geschäften zu decken, die eine Gewähr für gute Beschaffenheit der Ware bei angemessenen Preisen übernehmen. Gleichwertige deutsche Erzeugnisse sind ausländischen vorzuziehen. Besondere Anordnungen über den Bezug von Brennstoffen und Papier durch Behörden am gleichen Ort oder an benachbarten Orten sowie über die Beschaffung von Glühbirnen und anderen Bedarfsgegenständen bleiben vorbehalten.

1. Vgl. zunächst die Vorbemerkungen zum Abschnitt B, zu Satz 2 unter I am Ende.

2. Satz 3 entstammt der (unter § 62 Abs. II Ziff. 178 aufgehobenen) ME. vom 7. Mai 1924, worauf auch in den Bem. zu § 9 hingewiesen ist. In Frage kommt z. B. die Beschaffung von Bürsten und von Reinigungsmaterial, weiterhin auch die örtliche Vergebung der Buchbinderarbeiten und von Druckaufträgen. Durch MB. vom 29. November 1921 (StAnz. Nr. 281) wurde eine bevorzugte Heranziehung kriegsbeschädigter selbständiger Handwerker befürwortet.

3. Die Bestimmung des Satzes 4, daß gleichwertige deutsche Erzeugnisse ausländischen vorzuziehen sind, geht letzthin auf eine zunächst mit Rücksicht auf den Kriegszustand ergangene Ministerialbekanntmachung über die Verwendung deutscher Schreibfedern usw. vom 11. Februar 1916 (unten § 62 Abs. II Ziff. 143) zurück und wird nun den Zeitumständen entsprechend verallgemeinert. Ähnliche Bestimmungen enthalten auch die §§ 18 Abs. II und 20 Abs. II für die Anschaffung von Schreibmaschinen und von Dienstkraftwagen. Die Beschaffung deutscher Erzeugnisse wird besonders auch durch die Bayer. Landesauftragstelle (München 2 M, Promenadeplatz 22) gefördert und vermittelt.

4. Der gemeinsame Bezug namentlich von Brennstoffen ermöglicht, besonders bei Einschaltung der Landesauftragstelle, sachverständige Beschaffung, Zeit- und Arbeitsersparnis, da nicht der Beschaffungsbeamte jeder einzelnen Dienststelle mit den Lieferfirmen zu verhandeln braucht, Kostenersparung durch die Zusammenfassung der Lieferung, wie auch den rechtzeitigen Abruf (Sommerrabatte) und genauere Kontrolle der Güte und des Gewichts der Lieferung. Den gemeinsam beziehenden Behörden kommt auch ein etwaiges Übergewicht zugute.

5. Das Reichspostzentralamt in Berlin gibt in Zwischenräumen ein Preisverzeichnis über Bürobedarf heraus, das aber für Bayern, insbes. auch angesichts des im Satz 3 ausgesprochenen Grundsatzes, von geringerer Bedeutung ist.

Papier.

§ 15.

I Für die Prüfung und Lieferung des Papiers sowie für die Verwendung der Papiersorten gelten die in der Anlage 1 bekanntgegebenen Vorschriften. Anlage 1.

II Die Papierformen richten sich nach den vom Normenausschuß der deutschen Industrie („Dinorm", Berlin NW 7, Sommerstraße 4 a) unter der Bezeichnung Din 476 und Din 823 (Formate für Zeichnungen) aufgestellten einheitlichen Formaten. Für amtliche Schriftstücke kommt als Regel das Format A 4 (210 × 297 mm), nur für besondere Fälle (vgl. die Anlage) das Format A 3 (297 × 420 mm), für Briefumschläge gewöhnlich die Form C 6 (114 × 162 mm) und allenfalls die Form C 4 (229 × 324 mm) oder ihre durch Längsteilung entstehende Hälfte in Betracht. Wenn die Aktenbildung und Aktenordnung dadurch nicht beeinträchtigt wird und nicht die Gefahr des Verlusts einzelner Aktenstücke entsteht, empfiehlt sich für einfache Mitteilungen auch die Verwendung der kleineren Formate A 5 (148 × 210 mm) und A 6 (105 × 148 mm). Dabei muß jedoch für eine etwa zu erwartende Antwort noch genügend Raum frei bleiben. Abweichungen von den hier vorgeschriebenen Papierformaten bedürfen der Genehmigung des vorgesetzten Staatsministeriums.

III Im Papierverbrauch ist möglichste Sparsamkeit zu wahren; sie darf aber nicht zu unwürdigen Ergebnissen führen. Auf Einhaltung eines Heftrands von ungefähr 2 cm Breite ist stets Bedacht zu nehmen. Der Entwurf eines amtlichen Schriftstücks ist womöglich auf den Eingang selbst zu setzen. Leere Blätter sind abzutrennen und zu verwerten.

IV Faltbriefe und Fensterbriefumschläge sind zu verwenden, wenn es wirtschaftlich ist. Wegen der Form vgl. Anlage 4, Muster 6. Anlage 4 Muster 6.

V Für kürzere Schreiben sind Postkarten zu verwenden, soweit eine unverschlossene Mitteilung in dieser Form unbedenklich erscheint. Auch Vordrucke sind in geeigneten Fällen in Postkartenform (Din A 6 105 × 148 mm) abzufassen.

VI Mit Rücksicht auf die Haltbarkeit ist für den einzelnen Zweck nicht Papier einer geringeren als der dafür bestimmten Klasse zu verwenden. Namentlich gilt dies für Schreibmaschinendurchschläge und Drucksachen, die länger als zehn Jahre in den Akten aufbewahrt werden müssen.

1. § 15 regelt den am häufigsten benötigten Geschäftsbedarf. Abs. I verweist auf die in der Anlage 1 zusammengefaßt neu bekanntgegebenen bisherigen Vorschriften für die Prüfung und Lieferung des Papiers und für die Verwendung der Papiersorten, die nur im Staatsanzeiger veröffentlicht waren. Es war notwendig, sie leichter zugänglich zu machen. Bei der Neufassung, die im wesentlichen zwei bisherige Vorschriften vereinigt, wurden nur wenige sachliche Änderungen vorgenommen. Unter III Papierprüfung, d Abs. III ist z. B. die vereinfachte Bestimmung getroffen, daß dann, wenn das Papier den Anforderungen genügt, die Behörde, andernfalls der Lieferer die Prüfungsgebühr zu zahlen hat.

2. In der Ministerialbekanntmachung, betr. gewerbliche und technische Prüfämter vom 12. Januar 1928 (MABl. S. 1) tritt nach § 62 Abs. III ADO. in Ziff. 2 (Papierprüfämter) an die Stelle der Verweisung auf die Bekanntmachung vom 29. Januar 1927 die Anlage 1 zur Allgemeinen Dienstordnung.

3. Abs. II führt endgültig die **Papiernormung** durch, nachdem schon die Ministerialbekanntmachung über die Einführung einheitlicher Papierformate vom 9. Januar 1923 (unten § 62 Abs. II Ziff. 170), die vom Normenausschuß der deutschen Industrie eingeführten Einheitsformate („Din-Formate") übernommen hatte. Alles Wesentliche dieser Bekanntmachung kehrt im § 15 Abs. II wieder; nicht mehr übernommen ist aber die schon durch die Ministerialbekanntmachung über die Einführung der Din-Formate im behördlichen Verkehr vom 24. Januar 1931 (StAnz. Nr. 22) überholte Übergangsvorschrift, wonach noch abweichende Handelsvorräte abgenommen werden konnten. Nach der erwähnten MB. vom 24. Januar 1931 sollen bei den Behörden noch vorhandene Vorräte alten Formats tunlichst im öffentlichen Verkehr nicht mehr verwendet werden. Vorschriftswidrige Formate dürfen nicht mehr beschafft werden.

Durch die Normung wird infolge der Verkleinerung der Papierformate nicht unbeträchtlich gespart. Die gesamte Wirtschaft ist schon auf die Papiernormung eingestellt. Für die Papierindustrie ergibt sich aus ihr eine große Vereinfachung, für die Papierfabriken und den Papierhandel eine Verringerung der Lagerhaltung.

Die Vereinheitlichung der Papierformate ermöglicht auch die Normung und Typisierung von Büromöbeln (vgl. § 6 Abs. II Satz 3).

Die Behörden haben im Jahr 1930 das im Beuth-Verlag, Berlin S 14, Dresdenerstr. 97, erschienene Werbeblatt „Papierformate (Din 476)" erhalten. In diesem Werbeblatt ist auch dargestellt, wie die neuen Papierformate entstanden sind. Den Ausgangspunkt der Reihe A bildet ein Rechteck von 1 qm Inhalt mit Seitenlängen von 841 und 1189 mm. Hieraus ergeben sich durch fortgesetzte Halbierung alle kleineren Formate: A 1 = 841:594 mm, A 2 = 420:594 mm usw.

4. Abs. III mahnt auch im Verbrauch des genormten Papiers zu möglichster Sparsamkeit. Sie darf aber nicht zu unwürdigen Ergebnissen führen. Insbes. wird als Sollvorschrift die Einhaltung eines **Heftrands** von ungefähr 2 cm vorgeschrieben. Dadurch soll auch vermieden werden, daß sich der Text der Schriftstücke im Heftfalz der Akten verliert. Von dem

Verlangen, daß schon in der Fabrik auf dem Papier ein solcher Heftrand angebracht wird, wurde aus Befürchtung der Verteuerung abgesehen. An die Einhaltung des Heftrands auch in den Reinschriften erinnert nochmals § 44 Abs. I.

Die Sätze „Der Entwurf eines amtlichen Schriftstücks ist womöglich auf den Eingang selbst zu setzen. Leere Blätter sind abzutrennen und zu verwerten" stammen aus § 26 Abs. (1) der Gemeinsamen Geschäftsordnung für die höheren Reichsbehörden. Sie entsprechen dem, was auch schon in der bayerischen Ministerialbekanntmachung über den Vollzug des Staatshaushalts vom 27. März 1925 (GVBl. S. 283) über sparsamen Papierverbrauch angeordnet war. Es würde aber keine Ersparnis mehr bedeuten, wenn Entwürfe auf ganz kleine Papierstücke geschrieben würden, weil diese dann doch, um in die Akten aufgenommen werden zu können, auf Bogen aufgeklebt werden müßten.

5. Abs. IV empfiehlt die Verwendung von Faltbriefen und Fensterbriefumschlägen, wenn es wirtschaftlich ist, und verweist wegen der Form auf die Anlage 4, Muster 6. Fensterbriefhüllen ersparen den Aufdruck des Absenders auf dem Umschlag und gewähren eine Sicherheit dafür, daß bei der Adressierung Irrtümer vermieden werden.

6. Aus Ersparnis- und Vereinfachungsgründen wird im Abs. V (nach dem Vorgang des § 11 Abs. VIII der MB. über die Vereinfachung des dienstlichen Verkehrs vom 28. April 1901 und der Finanzministerialbekanntmachung über Ersparung von Kosten für Geschäftsbedürfnisse und von Postgebühren vom 11. Mai 1923 — StAnz. Nr. 88 —) für geeignete Fälle die Verwendung von Postkarten, insbes. auch von Vordrucken in der Form von Postkarten vorgeschrieben. Ähnliches ist auch im § 5 Abs. (5) der Kanzleiordnung für die höheren Reichsbehörden (KOH.) und im § 89 der württembergischen Dienstordnung bestimmt.

In Postkartenform sind auch in der Anlage 4 die allgemeinen Vordrucke aa (für Erinnerungsschreiben), bb (für Mahnschreiben) und cc (Abgabenachricht) abgefaßt.

7. Abs. VI warnt davor, aus zu weitgehender Sparsamkeit für Zwecke, die längere Haltbarkeit erfordern, Papier von geringerer als der dafür nach der Tabelle in der Anlage 1 bestimmten Klasse zu verwenden. Auch als Packpapier darf, wie früher in einer Reihe von Vorschriften ausdrücklich vorgeschrieben war, kein zu geringes Papier verwendet werden.

Anschaffung von Druckschriften.

§ 16.

I Ein dazu bestimmter Beamter beschafft nach Weisung des Amtsvorstands die Druckschriften, überwacht den Eingang und die Vollständigkeit sowie die Ausgabe (Verteilung) und gegebenenfalls den Umlauf und die Rückgabe der Druckschriften. Ausgebliebene Stücke amtlicher Verkündungsblätter, Entscheidungssammlungen, Zeitungen und Zeitschriften sind spätestens bei Empfang der nächsten Nummer nachzufordern.

II Die in den Buchanzeigen der Staatsministerien erwähnten Druckschriften, dürfen von den Behörden nach Maßgabe ihrer

Mittel angeschafft werden, ohne daß es hiezu einer weiteren Ermächtigung bedarf.

1. Es ist von Bedeutung, daß ständig ein dazu bestimmter Beamter den Eingang und die Vollständigkeit sowie die Verteilung und die Rückgabe der Druckschriften innerhalb der Behörde überwacht. Die Amtsblätter und die allenfalls gehaltenen Zeitschriften müssen den beteiligten Beamten jederzeit zugänglich sein. Es muß sich stets leicht feststellen lassen, wo sie sich befinden.

Wegen der Vergebung von Buchbinderarbeiten vgl. Bem. 2 zu § 14.

2. Hinsichtlich der Bayerischen Staatszeitung, mit der bekanntlich der Bayerische Staatsanzeiger verbunden ist, bestimmten Entschließungen der Staatsministerien des Innern beider Abteilungen und der Finanzen vom 3. und 31. Dezember 1912 Nr. 2316 a 5 und 39996, da in der Staatszeitung vorwiegend Bekanntmachungen von besonderer Dringlichkeit und von mehr vorübergehender Bedeutung veröffentlicht würden, bestehe keine Verpflichtung die Staatszeitung jährlich binden zu lassen und dauernd aufzubewahren; jedoch müßten jedenfalls immer vom laufenden Jahrgang der Zeitung sämtliche Nummern gesammelt und in losem, aber geordnetem Zustand bis zum 1. April des folgenden Jahrs aufbewahrt werden. — Wegen Überlassung der Staatszeitung an Beamte s. § 17 Abs. II.

Die Staatsministerien, das Oberste Landesgericht, der Generalstaatsanwalt beim Obersten Landesgericht, die Oberlandesgerichte, die Generalstaatsanwälte an den Oberlandesgerichten, der Verwaltungsgerichtshof, die Regierungen, Kammern des Innern, und die Staatsbibliothek erhalten auf Grund des Vertrags der Bayerischen Staatsregierung mit dem Staatszeitungsverlag alljährlich ein gebundenes, auf holzschliffreines Papier gedrucktes Stück der Staatszeitung geliefert.

3. Die Buchanzeigen der Staatsministerien erfolgen im Staatsanzeiger.

Altpapierverwertung.

§ 17.

I Das Abfallpapier sowie das Altpapier, das bei der fortlaufenden Aussonderung (Ausscheidung) entbehrlicher Aktenstücke (§ 24 Satz 4) und bei den größeren, nach den einschlägigen Vorschriften*) stattfindenden Aktenaussonderungen anfällt, ist zum Einstampf an Papierfabriken, Pappenfabriken, Altwarenhändler u. dgl. zu veräußern. Über die Vergebung sollen nicht Verträge auf längere Zeit abgeschlossen, vielmehr soll der Anfall in der Regel von Fall zu Fall auf Grund eingeholter Preisangebote verkauft oder öffentlich versteigert werden. Im letzteren Fall ist der Zuschlag dem Bieter zu erteilen, dessen Gebot bei Berücksichtigung auch der erwach-

*) Bek. sämtlicher Staatsministerien über Aktenaussonderung vom 31. März 1932 (GVBl. S. 190), im Anhang dieser Ausgabe abgedruckt.

senden Beförderungskosten für die Staatskasse am günstigsten ist. Der Erlös ist an die zuständige Finanzkasse abzuführen.

II In der gleichen Weise sind die gehaltenen Zeitungen zu verwerten. Die Zeitungen können auch von den Beamten, denen sie zum Dienstgebrauch überlassen sind, zum Eigentum erworben werden; die Beamten haben dafür ein Viertel, bei Überlassung der Staatszeitung ohne den amtlichen Teil ein Sechstel des jeweiligen Bezugspreises der Zeitung zu erstatten. Diese Vergütungen werden wie andere Erlöse aus Altpapier behandelt.

III Von jeder Veräußerung von Abfall- und Altpapier sowie von der Überlassung von Zeitungen an Beamte zu Eigentum ist die Finanzmittelstelle zu benachrichtigen.

1. Die Altpapierverwertung hat vor allem dafür zu sorgen, daß die Registraturen und Büchereien nicht ins Unendliche anwachsen. Daneben kommt sie auch als Quelle von Einnahmen für den Staat in Betracht. Das Altpapier bildet endlich wirtschaftlich auch einen sehr geschätzten Rohstoff für die Neuherstellung von Papier.

Zu verwerten ist:

a) Abfallpapier (der Papierkorb, nach § 43 Abs. II weggelegte Schriftstücke),
b) Papier aus Aktenaussonderungen (vgl. Bem. 2),
c) Zeitungspapier.

2. Bei der Aktenaussonderung werden unterschieden: die fortlaufende Ausscheidung entbehrlicher Aktenstücke (vgl. § 24 Satz 4) und die größeren periodischen oder einmaligen Aussonderungen nach der (am Schluß dieser Ausgabe abgedruckten) Bekanntmachung sämtlicher Staatsministerien über Aktenaussonderung vom 31. März 1932 (GVBl. S. 190). Sie erfolgen „in geeignet bemessenen Zeiträumen, spätestens alle 10 Jahre". Dabei ist Aktengut, das als entbehrlich ausgesondert wird, aber wegen seiner Bedeutung für staatliche Bedürfnisse (Rechtspflege, Verwaltung, Statistik), für die wissenschaftliche Forschung und ähnliche Zwecke nicht vernichtet werden darf (Archivgut) ausschließlich an die staatlichen Archive abzugeben. Zur Erleichterung künftiger Aktenaussonderungen soll, soweit sich im Lauf der Bearbeitung die Bedeutung einer Sache in rechtlicher, geschichtlicher, volkskundlicher oder ähnlicher Hinsicht ergibt, der zugehörige Aktenumschlag in auffallender Weise mit dem Vermerk „Staatsarchiv" versehen werden. Der gleiche Vermerk ist in die laufenden behördlichen Aktenverzeichnisse oder Register aufzunehmen.

Das vernichtungsreife Aktengut wird dem Einstampf zugeführt. Das Eigentum des Staats ist, um Mißbräuche auszuschließen, an dem Stampfgut bis zur erfolgten Einstampfung vorzubehalten. Mit dem Erwerber ist ein Vertrag nach dem Muster der Anlage 1 zur MB. vom 31. März 1932 abzuschließen.

3. Die Aktenaussonderung gehört zu den ordentlichen Dienstaufgaben der mit den Akteigeschäften betrauten Beamten. Soweit jedoch die Aus-

sonderung größerer Aktenbestände und ihre Verwertung in Einzelfällen besonders umfangreiche Arbeiten verursacht, können unter der sachlichen Voraussetzung des Art. 25 Abs. II BBesG. den beteiligten Beamten aus dem Erlös für die Staatskasse besondere Vergütungen bis zum Höchstbetrag von äußerstenfalls 50 v. H. des Reinerlöses gewährt werden. Vgl. hierüber im einzelnen § 15 Abs. II der Bekanntmachung vom 31. März 1932.

4. Abs. I Satz 2 ist das Ergebnis langjähriger praktischer Erfahrung. Satz 3 stammt aus einer Entschließung des Staatsministeriums der Finanzen vom 5. März 1920 (unten § 62 Abs. II Ziff. 153), die mit Rücksicht auf die bayerischen Papierfabriken ergangen ist.

5. Abs. II behandelt den Verkauf der alten Zeitungen. Er vollzieht sich grundsätzlich in der gleichen Weise wie die Verwertung des Abfallpapiers; die Beamten können aber wie bisher die ihnen zum Dienstgebrauch überlassenen Zeitungen gegen die im Abs. II festgesetzten Vergütungen zum Eigentum erwerben.

6. Finanzmittelstelle im Sinn des Abs. III ist die Landesfinanzamt-Zweigstelle bei der Kreisregierung.

Büromaschinen.

§ 18.

I Schreibmaschinen sind nach Maßgabe der Mittel überall da zu verwenden, wo darauf gerechnet werden kann, daß sie wirtschaftlich ausgenützt werden.

II Bei der Anschaffung von Schreibmaschinen sind deutsche Erzeugnisse zu bevorzugen. Es ist darauf hinzuwirken, daß den Behörden günstige Bedingungen gewährt werden*).

III Die Schreibmaschinen sind mit besonderer Sorgfalt zu behandeln und stets gebrauchsfähig zu erhalten. Sie sind in regelmäßigen Zeitabständen durch Sachverständige prüfen zu lassen. Besonderes Augenmerk ist auf ihre diebessichere Aufbewahrung zu verwenden.

IV In den Schreibmaschinen sind nur schwarze Farbbänder zu verwenden. Schreibmaschinenfarbbänder, die durch längere Benützung ausgetrocknet, im Gewebe aber noch gut erhalten und nicht oder nur wenig durchlöchert sind, sollen rechtzeitig (in der Regel mindestens zwei bis dreimal) wieder aufgefärbt werden. Soweit nicht die Behörden selbst Vorrichtungen zur Erneuerung der Schreibmaschinenfarbbänder (sog. Farbbandauffrischer) besitzen oder das Auffärben in befriedigender Weise

---

*) Auf die Vereinbarungen der Reichsverwaltung mit dem Verband Deutscher Schreibmaschinenfabrikanten und mit den Firmen, die diesem Verband nicht angehören, über den Vorzugspreis für Behörden wird verwiesen. Auf diese Vereinbarungen ist bei dem Erwerb von Schreibmaschinen Bezug zu nehmen.

durch Farbbandfabriken oder Schreibmaschinentechniker besorgt wird, sind die Farbbänder zum Auffärben, womöglich aufgespult, von den Justizbehörden an die Autographische Druckerei im Justizpalast zu München, von den übrigen Behörden an die Druckerei des Staatsministeriums der Finanzen zu senden.

V Vervielfältigungsvorrichtungen, Rechenhilfsmittel — Rechentafeln, Rechen- und Zählmaschinen, Buchhaltungsmaschinen — und sonstige Zeit und Kraft sparende Einrichtungen z. B. Adressiermaschinen, Briefschließmaschinen u. dgl. dürfen, falls ihre Verwendung wirtschaftlich ist, im Rahmen der verfügbaren Mittel beschafft werden. Maschinen, die durch eine Behörde nicht voll ausgenützt werden, können auch anderen Behörden am Ort zur Verfügung gestellt werden.

1. Die Mechanisierung des Dienstbetriebs, d. h. die möglichst weitgehende Ersetzung der menschlichen Arbeit durch den Gebrauch von mechanischen Hilfsmitteln läßt, worauf besonders die Kommission für Büroreform hingewiesen hat, in Bayern noch viel zu wünschen übrig. Die Schuld hieran trägt nicht das etwa fehlende Verständnis für mechanische Diensterleichterungen und für die Beseitigung entbehrlicher Arbeitsverrichtungen, sondern die Beschränktheit der Mittel, die im Staatshaushalt zur Verfügung gestellt werden können.

§ 18 handelt in der Hauptsache nur von den allerhäufigsten, ganz unentbehrlich gewordenen Büromaschinen, den Schreibmaschinen. Im Abs. V werden ferner an erster Stelle die doch noch in der Regel vorhandenen Vervielfältigungsvorrichtungen erwähnt. Schon eine Ministerialentschließung vom 11. April 1872 (unten § 62 Abs. II Ziff. 26) sprach aus, daß jedes Bezirksamt mit einer Autographenvervielfältigungspresse ausgestattet sein solle. Die weiter angeführten Rechenhilfsmittel — Rechen- und Zählmaschinen sowie Buchhaltungsmaschinen — können nur für größere Rechnungsämter beschafft werden. Auch Adressiermaschinen, Briefschließmaschinen und dergleichen Hilfsmittel werden nur selten, nur in den größten Dienstbetrieben vorhanden sein. § 37 Abs. I hält die Beamten im Rahmen des Möglichen zum Gebrauch aller arbeitsfördernden und Zeit sowie Kosten sparenden Mittel an.

2. Abs. I entspricht den Richtlinien für den Vollzug der Gemeinsamen Geschäftsordnung für die höheren Reichsbehörden; nur ist dort der Gedanke negativ ausgedrückt: „Büros sind mit Schreibmaschinen nur auszustatten, wenn ...“

3. Wegen der Bevorzugung deutscher Erzeugnisse vgl. Bem. 3 zu § 14. In der Fußnote zu § 18 wird auf die Vereinbarungen der Reichsverwaltung mit dem Verband deutscher Schreibmaschinenfabrikanten und mit den Firmen, die diesem Verband nicht angehören, über den Vorzugspreis für Behörden verwiesen. Diese Vereinbarungen, die von Zeit zu Zeit erneuert zu werden pflegen, gelten unmittelbar auch zugunsten der Landesbehörden.

Ähnliches gilt auch hinsichtlich der Vereinbarungen des Reichswehrministeriums mit Lieferfirmen über die Beschaffung von Betriebsmitteln und Reifen für Kraft- und Arbeitsmaschinen; vgl. § 20 Abs. V.

4. Die Ermahnung, besonders auf diebessichere Aufbewahrung zu achten, die sich z. B. auch in den Geschäftsordnungen für die Präsidialabteilung des Thüringischen Staatsministeriums und für das Thüringische Ministerium des Innern findet, ist besonders angezeigt, weil Schreibmaschinen einen sehr beliebten Gegenstand für Diebstähle bilden.

5. Für amtliche Zwecke werden in Bayern nur noch schwarze Farbbänder und solche für Vervielfältigungszwecke gebraucht. Die bisher zerstreuten Vorschriften über Farbbänder werden im Abs. IV zusammengefaßt.

6. Über die Verwendung der Schreibmaschine im Dienstverkehr vgl. § 38.

Es ist Wert darauf zu legen, daß die Schreibkräfte in der Zehnfingerschreibweise (sog. Blindschreiben) ausgebildet sind und vor ihrer Einstellung auf ihre Leistungsfähigkeit im Maschinenschreiben geprüft werden.

Auch die mittleren und die höheren Beamten sollten mehr und mehr das Maschinenschreiben beherrschen.

7. Über Stempel vgl. § 37 Abs. II, über mechanische Aktenordner Bem. 2 zu § 24.

8. Adressiermaschinen sind da am Platz, wo sich viele Namenreihen wiederholen oder öfter herzustellen sind, z. B. in Gehalts- und Lohnlisten.

Siegel. Siegelmarken.

§ 19.

I Dienstsiegel und Siegelmarken (vgl. Bekanntmachung des Gesamtministeriums über die Führung des Wappens des Freistaates Bayern vom 22. März 1924 — GVBl. 83 —) sowie Schablonen für den Amtsgebrauch, z. B. für Zwecke des Kraftfahrverkehrs, sind vom Hauptmünzamt in München zu beziehen. Sie sind schriftlich zu bestellen; der Bestellung ist das Dienstsiegel beizudrücken.

II Nicht mehr verwendbare Siegelstöcke sind zur Verhütung von Mißbrauch an das Hauptmünzamt abzuliefern. Dies gilt auch, wenn ein Amt aufgehoben oder seine Benennung geändert wird.

III Gummisiegel dürfen nicht mehr angeschafft werden; vorhandene sind zu vernichten und durch Metallsiegel zu ersetzen.

IV Siegel und Siegelmarken sind so zu verwahren, daß ein Mißbrauch ausgeschlossen ist.

1. Abs. I und II entstammen in der Hauptsache der auch im Abs. I angeführten Bekanntmachung des Gesamtministeriums über die Führung des Wappens des Freistaates Bayern, Abs. III (Verbot von Gummi-

siegeln) einer Ministerialentschließung vom 4. Juli 1925 (unten § 62 Abs. II Ziff. 183).

2. Besonders kunstvolle alte Siegelstöcke sind (allenfalls als Leihgabe) an die Siegelsammlung des Hauptstaatsarchivs abzugeben.

Dienstkraftwagen. Kraft- und Arbeitsmaschinen.

§ 20.

I Dienstkraftwagen (Personen- und Lastkraftwagen) dürfen nur mit Genehmigung des vorgesetzten Staatsministeriums angeschafft werden.

II Die Behörden haben sich bei der Anschaffung von Kraftfahrzeugen durch die Kraftwagenwerkstätten der Bereitschaftspolizei oder die staatlichen Geräteparke beraten zu lassen. Es dürfen nur deutsche Erzeugnisse gekauft werden.

III Die Dienstkraftwagen werden nicht versichert. Der Staat haftet als Halter des Fahrzeugs nach den gesetzlichen Vorschriften. Den Fahrzeugführern ist zu empfehlen, sich gegen ihre dem Staat gegenüber bestehende Haftpflicht zu versichern.

IV Behörden, die nicht an einen besonderen staatlichen Gerätepark oder an staatliche Kraftwagenwerkstätten angeschlossen sind, haben ihre Dienstkraftwagen sowie ihre Kraft- und Arbeitsmaschinen in regelmäßigen Zeitabständen prüfen zu lassen. Die Prüfung hat durch die amtlichen Prüfstellen für den Verkehr mit Kraftfahrzeugen zu erfolgen.

V Bei der Beschaffung von Betriebsmitteln und Reifen für staatseigene Kraft- und Arbeitsmaschinen sind die vom Reichswehrministerium mit den Lieferfirmen vereinbarten Preisvergünstigungen in Anspruch zu nehmen. Auskunft über die Preisvergünstigungen kann bei den Kraftwagenwerkstätten der Bereitschaftspolizei und bei den staatlichen Geräteparken eingeholt werden.

§ 21.

I Beamte, die Dienstkraftfahrzeuge benützen, sollen, soweit tunlich, selbst den Führerschein erwerben.

II Besondere Kraftwagenführer dürfen nur mit Genehmigung des vorgesetzten Staatsministeriums verwendet werden. Sie sind nach den Weisungen des Staatsministeriums entweder auf Dienstvertrag oder auf Arbeitsvertrag anzustellen.

III Dienstkraftwagen dürfen nur mit Einwilligung der vorgesetzten Behörde an Dritte überlassen oder einem anderen als dem ordentlichen Führer anvertraut werden.

IV Zu privaten Zwecken dürfen Dienstkraftwagen nur mit Genehmigung des vorgesetzten Staatsministeriums (in der Regel bis zu einer jährlichen Kilometerhöchstzahl) gegen angemessenes Entgelt verwendet werden.

V Für jeden Dienstkraftwagen ist ein Fahrtenbuch zu führen, in dem Zweck und Ziel der einzelnen Fahrt, Zeit der Abfahrt und Rückkehr, die gefahrenen Kilometer und die Namen der mitfahrenden Personen vorzutragen sind. Die Fahrten für private Zwecke sind besonders kenntlich zu machen; die hiefür geschilderten Vergütungen sind zum Schluß des Rechnungsvierteljahrs an die zuständige Kasse abzuführen.

1. Allgemeine Vorschriften über Dienstkraftwagen haben in Bayern bisher nicht bestanden. Der ADO. dienten als Vorbild für die Neuregelung besonders die württembergischen Vorschriften (dort §§ 44ff. DO.).

2. § 20 Abs. I schreibt nur die vorherige Genehmigung des vorgesetzten Staatsministeriums vor. Für die den Dienstkraftwagen beschaffende Behörde kommt nur diese Genehmigung in Frage; die beteiligten Staatsministerien haben jedoch für die Dauer der Finanznot des Staates vereinbart, ihrerseits vor der Erteilung der Genehmigung zur Anschaffung neuer Dienstkraftwagen grundsätzlich mit dem Staatsministerium der Finanzen ins Benehmen zu treten, wenn zur Anschaffung der Kraftwagen haushaltsmäßige Mittel beansprucht werden, die nicht von vornherein für Beschaffung von Kraftwagen bestimmt sind.

Soweit Kraftwagen wegen Unbrauchbarkeit gegen andere Kraftwagen mit oder ohne Leistung eines Aufgeldes vertauscht werden, schreibt schon Ziff. 12 Abs. III der MB. wegen der Verzeichnisse des staatlichen Fahrnisvermögens vom 28. April 1925 (GVBl. S. 145) die Einholung der Genehmigung des vorgesetzten Staatsministeriums vor.

Gleichzeitig mit der Genehmigung zur Anschaffung des Dienstkraftwagens werden in der Regel auch die Betriebskosten zu regeln sein.

Beamte, die mit Genehmigung des zuständigen Staatsministeriums eigene Wagen im Dienst verwenden, werden zweckmäßig Pauschabfindungen für die Betriebskosten erhalten.

3. Wegen des Gebots der Anschaffung von nur deutschen Wagen vgl. Bem. 3 zu § 14.

4. Für den Staat gilt nach § 20 Abs. III auch hier der Grundsatz der Selbst-(Nicht-)versicherung; vgl. Bem. 4 zu § 2.

5. Amtliche Prüfstellen für den Verkehr mit Kraftfahrzeugen bestehen nach der MB., betr. gewerbliche und technische Prüfämter, vom 12. Januar 1928 (MABl. S. 1)

a) beim Bayer. Revisionsverein für Oberbayern in München, für Mittelfranken in Nürnberg und für Schwaben in Augsburg und Kempten,

b) bei den Zweigstellen der Bayer. Landesgewerbeanstalt (Gewerbeanstalten) in Landshut für Niederbayern, Regensburg für die

Oberpfalz, Bayreuth und Hof für Oberfranken und Würzburg für Unterfranken,

c) bei der Pfälzischen Landesgewerbeanstalt in Kaiserslautern.

6. Zu § 20 Abs. V vgl. Bem. 3 zu § 18.

7. § 21 Abs. V regelt das „Fahrtenbuch", das für jeden Dienstkraftwagen zu führen ist. Die Führung eines besonderen „Kraftwagenbuchs" wie in Württemberg, in das dort Zeit der Anschaffung, Kaufpreis, Mängel und Schäden des Wagens, Ausbesserungen, etwaige Unfälle, die in den einzelnen Jahren gefahrenen Kilometer und sonstige für die Bewertung des Wagens dienliche Bemerkungen einzutragen sind, ist in Bayern nicht vorgeschrieben, kann sich aber, namentlich in größeren Staatsbetrieben bei einer erheblicheren Wagenzahl, sehr empfehlen.

Dienstausweise.

§ 22.

I Den Beamten, die ohne besondere Abzeichen im Außendienst tätig werden, sind von ihren Behörden im Bedarfsfall Dienstausweise auszustellen.

II Die Dienstausweise sind auf leichter Pappe dauerhaft auszufertigen. Sie haben den Namen, Dienstgrad und Wohnort des Inhabers, sein Lichtbild und seine Unterschrift zu enthalten und sind von der Behörde mit Angabe des Tags der Ausstellung zu fertigen. Das Dienstsiegel der Behörde muß so aufgedrückt werden, daß es einen Teil des Lichtbilds deckt. Anlage 4, Vordruck dd enthält ein Muster für Dienstausweise. Anlage 4, Vordruck dd.

III Die Behörde führt ein Verzeichnis der von ihr ausgestellten Dienstausweise.

IV Beim Ausscheiden aus dem Dienst oder Amt ist der Ausweis an die Behörde zurückzuliefern.

1. § 22 besitzt in den allgemeinen Dienst- und Geschäftsordnungen anderer Länder, soviel bekannt, kein Vorbild. Auch in Bayern wurden zwar schon bisher bei einzelnen Behörden den Beamten Dienstausweise ausgestellt; es bestand hiefür aber keine zusammenfassende Ordnung. Auch die Regelung im § 22 ist insofern keine vollständige, als die Ausstellung von Dienstausweisen an Beamte nur für den Bedarfsfall vorgeschrieben wird. In Frage kommen Beamte, die, ohne durch eine bestimmte Amtskleidung oder durch ein besonderes Abzeichen gekennzeichnet zu sein, im Außendienst tätig zu werden haben.

Auch für andere Beamte kann der Besitz einer amtlichen Legitimationskarte angenehm und nützlich sein; die Ausstellung von Dienstausweisen an sie ist den Behörden freigestellt.

2. Abs. II behandelt die Ausstellung und den notwendigen Inhalt der vorgeschriebenen Dienstausweise und verweist auf das Muster des

Vordrucks dd in der Anlage 4. Abs. III regelt die Kontrolle der Behörde über die von ihr ausgestellten Dienstausweise, Abs. IV die Rückgabepflicht des Inhabers beim Dienstaustritt.

Geschäftsplan.

§ 23.

Bei den Behörden ist nach Bedarf ein Geschäftsplan aufzustellen, der die Arbeitsgebiete der Beamten scharf und klar abgrenzt. Dabei sind gleichartige und zusammengehörige Arbeitsgebiete möglichst bei demselben Sachbearbeiter zu vereinigen.

§ 23 gibt nur ganz allgemeine Gesichtspunkte für die Aufstellung eines Geschäftsplans. Zur scharfen und klaren Abgrenzung der Arbeitsgebiete der Beamten gehört, daß grundsätzlich die gleichartigen und zusammengehörigen Arbeitsgebiete, besonders solche, die sich erfahrungsgemäß häufig berühren oder überschneiden, möglichst zusammengefaßt werden. Diese Zusammenfassung der Arbeitsgebiete führt zu einer systematischen Gliederung der Geschäftsaufgaben der Behörde und erleichtert dem Amtsvorstand die Leitung der Dienstgeschäfte. Sie verhindert (unbeabsichtigtes) Gegeneinanderarbeiten der Referenten. Sie ermöglicht auch die Auswertung der besonderen Fähigkeiten und Erfahrungen der einzelnen Beamten und führt zu einer Verringerung der Zahl der Akten und der benötigten Bücher und sonstigen Dienstbehelfe.

Registratur.

§ 24.

Die Registratur ist nach dem Aktenplan einzuteilen. Die Schriftstücke sind in die Akten nach der zeitlichen Reihenfolge, Sammeleinläufe zusammenhängend nach der Reihenfolge der beteiligten Behörden, einzuordnen. Soweit die Akten lose aufbewahrt werden, sind die Blätter mit fortlaufenden Zahlen zu versehen. Schriftstücke von geringerer oder vorübergehender Bedeutung wie Mahnschreiben, Ausstandsberichte, Fehlanzeigen, Weglegesachen (§ 43 Abs. II) sind, soweit sie nicht sogleich ausgesondert (ausgeschieden) werden können, den Akten in besonderen Umschlägen beizulegen und nach angemessener Zeit zu entfernen. Im übrigen sind die für die einzelnen Behördengattungen erlassenen Registraturordnungen zu beachten.

1. § 24 bringt (ähnlich wie § 23) nur einige ganz allgemeine Richtlinien und verweist in der Hauptsache auf die für die einzelnen Behördengattungen erlassenen Registraturordnungen. Dort werden die Grundsätze neuzeitlicher Registraturführung, die Führung von Karteien, die etwaige Einrichtung von Referatsregistraturen usw. zu behandeln sein. Insbes. kommt auch die Aufstellung eines einheitlichen Aktenplans für sämtliche Behörden der gleichen Gattung in Frage, der das ganze Gebiet

der Akten in große Hauptgruppen und diese wieder in Untergruppen teilt, es aber den Behörden überläßt, von den in den Aktenplan vorgesehenen Akten nur die anzulegen, die bei der einzelnen Behörde in der Tat anfallen.

§ 24 beschränkt sich darauf, die Einreihung der Einläufe in die Akten nach der zeitlichen Reihenfolge, die fortlaufende Numerierung lose aufbewahrter Aktenstücke usw. anzuordnen. Nicht entschieden wird dabei die Frage, ob die Akten so geordnet werden sollen, daß jeweils der neueste Einlauf als unterster eingelegt oder eingeheftet wird, oder ob die umgekehrte Reihenfolge eingehalten werden soll. Aus praktischen Gründen möchte mehr das letztere Verfahren empfohlen werden, weil es für den Sachbearbeiter in der Regel darauf ankommt, zuerst die neueren Einläufe zu sehen, während ihm die älteren zumeist schon genauer bekannt sind.

2. Dringend zu empfehlen ist an Stelle des zeitraubenden Einheftens der Schriftstücke mit Nadel und Faden der Gebrauch mechanischer Ordner. Er bietet auch den Vorteil, daß einzelne Aktenstücke nach Bedarf zum Gebrauch vorübergehend auch wieder herausgenommen werden können.

3. Der Verringerung des Aktenumfangs dient die begrüßenswerte Bestimmung, daß Schriftstücke von geringerer oder vorübergehender Bedeutung, soweit sie nicht sogleich ausgesondert werden, den Akten nur in besonderen Umschlägen beizulegen und nach angemessener Zeit zu entfernen sind. Können sie sogleich ausgesondert werden, so werden sie nach § 43 Abs. II (Weglegesachen) behandelt und wachsen sofort dem Abfallpapier des § 17 zu.

4. In räumlich weit ausgedehnten Gebäuden mit mehreren Stockwerken empfiehlt sich der Einbau von Aktenaufzügen.

Abschnitt C: Dienstlicher Verkehr.

Vorbemerkungen zum Abschnitt C.

(§§ 25—46.)

Im Abschnitt C, wohl dem wichtigsten der ganzen Dienstordnung, werden den Behörden bestimmte Leitsätze sowohl für den mündlichen Verkehr mit der Bevölkerung als auch für den gesamten Schriftverkehr mit Privaten, mit vorgesetzten, gleichgestellten und untergebenen Behörden und Stellen an die Hand gegeben. Die aufgestellten Grundsätze suchen dem Gebot möglichster Einfachheit und reiner Sachlichkeit zu entsprechen.

Die Bekanntgabe dieser Grundsätze ist von ganz besonderer Bedeutung auch für die Ausbildung und das rasche Sicheinarbeiten des Beamtennachwuchses und erleichtert seine mündliche Unterweisung.

Der Aufstellung einheitlicher Grundsätze für den gesamten Dienstverkehr liegt aber auch ein gewisses demokratisches Prinzip zugrunde. Es sollen keine Unterschiede gemacht werden. Jeder Fall ist formell gleich zu behandeln. Bloße Höflichkeitswendungen werden auf das Mindestmaß eingeschränkt, alle Unterwürfigkeitsformeln endgültig gestrichen usw., wie sich des näheren aus § 39 Abs. III ergibt.

Der Abschnitt C der Allgemeinen Dienstordnung ersetzt die Ministerial-Bekanntmachungen und -Entschließungen über die Vereinfachung des dienstlichen Verkehrs und über Geschäftsvereinfachung vom 28. April 1901, 9. Juli 1907 und 17. Juni 1911 (unten § 62 Abs. II Ziff. 111, 112, 124 und 135).

Er zerfällt nach einer allgemeinen Einleitung (§ 25) und zusammenfassenden Bestimmungen über die Abgabe von Angelegenheiten an die jeweils zuständige Behörde (§ 26) in zwei Unterabschnitte: I. Mündlicher Verkehr (§§ 27—30) und II. Schriftlicher Verkehr (§§ 31—46).

Allgemeines.

§ 25.

I Der Verkehr zwischen den Parteien und Behörden sowie der Verkehr der Behörden untereinander soll in möglichst einfacher Form, namentlich unter Vermeidung entbehrlichen Schreibwerks und in geeigneten Fällen (vgl. § 57 Abs. I und III) unter Benützung des Fernsprechers erfolgen.

II Die Beamten derselben Behörde verkehren untereinander soweit tunlich mündlich.

1. § 25 wiederholt den Gedanken des § 13 der aufgehobenen Ministerialbekanntmachung vom 28. April 1901, wonach der mündliche, gegebenenfalls fernmündliche Verkehr in geeigneten Fällen grundsätzlich der schriftlichen Erledigung vorzuziehen ist.

Selbstverständlich verkehren auch die Abteilungen und Referenten derselben Behörde untereinander nur mündlich oder fernmündlich, soweit nicht nach Lage des Falls eine Äußerung der Abteilung oder des Referats zu den Akten festgelegt werden muß.

Wegen des etwa notwendig werdenden Vermerks über das mündliche Vorbringen und über einen mündlich erteilten Bescheid zu den Akten vgl. § 30 Abs. II.

2. Die Benützung des Fernsprechers ist im Ortsverkehr unbeschränkt gestattet, wenn dadurch unmittelbares Benehmen oder schriftliche Verhandlungen erspart werden, außerhalb des Ortsverkehrs jedoch nur, wenn schriftliche Erledigung nach Lage des Falls nicht möglich ist (§ 57 Abs. I).

Abgabe an die zuständige Behörde.

§ 26.

I Ist zur Behandlung einer Angelegenheit eine andere Behörde zuständig, so ist die Sache an diese abzugeben. Bei schriftlichen Eingaben sind die Beteiligten erforderlichenfalls durch eine nach Vordruck ergehende Nachricht, in der Regel durch Postkarte, von der Abgabe in Kenntnis zu setzen (vgl. Anlage 4, allgemeiner Vordruck cc).

Anlage 4, allgemeiner Vordruck cc.

II Mehren sich die Fälle, in denen unzuständige Behörden angegangen werden, so ist die Bevölkerung durch die Tagespresse über die Zuständigkeiten aufzuklären.

1. Bei jedem Dienstgeschäft ist zunächst die Zuständigkeit zu prüfen. Dies gilt gleichviel, ob die Angelegenheit mündlich oder schriftlich vorge-

bracht wird, und ob eine Behörde eines anderen Geschäftszweigs oder eines anderen Rechtszugs des nämlichen Geschäftszweigs in Frage kommt. Im Fall der mündlichen Vorstellung sind die Beteiligten in der Regel an die zuständige Stelle zu verweisen. Laufen schriftliche Eingaben bei einer unzuständigen Stelle ein, so werden sie regelmäßig nicht an den Absender zurückgegeben, sondern an die zuständige Behörde weitergeleitet. Vgl. auch das Beispiel in Anlage 4 Muster 3 b. Bei der Abgabe einer schriftlichen Eingabe an eine andere Behörde, wie überhaupt im Fall der Weiterleitung der Verhandlungen an eine andere Stelle kann es erforderlich werden, die Beteiligten durch eine sog. Abgabenachricht zu verständigen. Anlage 4, allg. Vordr. cc gibt ein Muster für eine solche, in der Regel in Postkartenform erfolgende Benachrichtigung.

2. Abs. I verpflichtet die Behörden, wenn sie häufig in Unkenntnis der Zuständigkeitsbestimmungen irrtümlich angerufen werden, für entsprechende Aufklärung der Bevölkerung über die Zuständigkeiten durch die Tagespresse zu sorgen.

I. Mündlicher Verkehr.

Amtstage. Sprechstunden.

§ 27.

Die Behörden haben nach Bedarf bestimmte Wochentage (Amtstage) und Sprechstunden zu bestimmen, an denen bei ihnen Anliegen mündlich vorgebracht und Auskünfte erholt werden können. Nach den hierüber bestehenden besonderen Bestimmungen sind Amtstage auch außerhalb des Amtssitzes an geeigneten Orten regelmäßig abzuhalten. Die Amtstage und Sprechstunden sind in geeigneter Weise bekanntzugeben. Bei der Festsetzung der Amtstage und Sprechstunden ist auf die Bedürfnisse der Bevölkerung möglichst Rücksicht zu nehmen. Zu den festgesetzten Zeiten müssen die für den Parteiverkehr in Betracht kommenden Beamten bestimmt zu erreichen sein.

1. Die Bedeutung des Amtstags und der Sprechstunden ist nicht die, daß die Beamten nur an diesen Tagen und zu diesen Stunden zu sprechen sind; zu diesen Zeiten stehen aber die in Frage kommenden Beamten für den Parteiverkehr sicher zur Verfügung. Für die Beamten selbst bietet die Regelung den Vorteil, daß sie an anderen Tagen und zu anderen Stunden mit größerer Ruhe ihren sonstigen Arbeiten nachgehen können.

Die Amtstage regelte schon § 10 Abs. III der Verordnung über die Bezirksämter vom 21. Dezember 1908 (GVBl. S. 1121): „Um die Amtsangehörigen gegen die Unannehmlichkeiten fruchtloser Gänge zum Amte infolge dienstlicher Abwesenheit der Beamten möglichst sicherzustellen, sollen 2 Tage in der Woche für die Entgegennahme mündlicher Anträge fest bestimmt und an diesen Tagen auswärtige Geschäfte ohne dringende Veranlassung nicht vorgenommen werden."

2. Auswärtige Amtstage kommen besonders für die Bezirksämter in Frage. Nach § 13 Abs. I der Verordnung über die Bezirksämter vom 21. Dez. 1908 waren Amtstage außerhalb des Amtssitzes nach Maßgabe des Bedürfnisses in allen Amtsbezirken an den hiefür geeigneten entlegeneren Orten, insbes. an den Amtsgerichtssitzen, nach näherer Anordnung der Regierung zu dem Zweck anzusetzen, um den Bewohnern der vom Amtsitz entfernter gelegenen Gemeinden den persönlichen Verkehr mit dem Amt zu erleichtern. Unbeschadet der Einrichtung der auswärtigen Amtstage wurde aber im § 13 Abs. III a. a. O. gleichwohl noch vorgeschrieben, daß von den bezirksamtlichen Beamten auch die sonstigen Amtsreisen zum Zweck entsprechender Erledigung von Amtsgeschäften an Ort und Stelle zu benützen sind.

3. Die Sprechstunden der Beamten sind nach § 5 Abs. III auf einem Schild an der Außenseite der Zimmertüre angeschrieben. Außerdem werden die Amtstage und Sprechstunden in den Amtsblättern, nötigenfalls auch in der Tagespresse und (bei den auswärtigen Amtstagen) in den beteiligten Gemeinden bekanntgegeben.

Parteiempfang.

§ 28.

I Personen, die bei einer Behörde vorsprechen, sind in der Regel an den zuständigen Sachbearbeiter oder seinen Stellvertreter zu verweisen. Andere Beamte sollen über dienstliche Angelegenheiten nur mit seinem Einverständnis Auskunft geben.

II Im mündlichen Verkehr mit den Parteien soll der Beamte entgegenkommend und höflich, aber auch auf die Wahrung der Würde des Amtes bedacht sein. Nötigenfalls ist nach Art. 7*) des Ausführungsgesetzes zur Reichsstrafprozeßordnung vom 18. August 1879 — GVBl. S. 781 — einzuschreiten.

1. Ähnlich wie § 70 Abs. (2) der Gemeinsamen Geschäftsordnung für die höheren Reichsbehörden und die Geschäftsordnung des Thüringischen

---

*) Art. 7 a. a. O. lautet:

Wer ungeachtet erfolgter Warnung durch ungeziemendes Benehmen vor einer öffentlichen Stelle oder Behörde dieselbe in ihrer Dienstverrichtung stört oder die ihr gebührende Achtung verletzt, soll, soweit nicht eine anderweitige Bestimmung in Anwendung zu bringen ist, mit Haft bis zu drei Tagen oder mit Geldstrafe bis zu einhundertfünfzig Reichsmark bestraft werden.

(Das Oberste Landesgericht hat in der Entscheidung vom 19. Februar 1923 Rev.Reg. II Nr. 15/23 den Art. 7 a. a. O. dahin ausgelegt, daß der Ausdruck „öffentliche Stelle" auch jede einzelne Person umfaßt, die mit der Ausübung eines öffentlichen Dienstes betraut ist, also auch Polizeibeamte, die, ohne unmittelbare Vertreter einer staatlich eingerichteten Behörde zu sein, außerhalb des Sitzes ihrer Behörde auf öffentlichen Straßen und Plätzen dienstlich tätig werden.)

Ministeriums des Innern unter XVIII, 4 geht § 28 davon aus, daß in der Regel der Sachbearbeiter empfangen soll und andere Beamte nur mit seinem Einverständnis Auskunft über dienstliche Angelegenheiten, die er zu bearbeiten hat, geben sollen. „Sachbearbeiter" bedeutet im Sprachgebrauch der bayerischen Dienstvorschriften nicht ohne weiteres den Referenten; er kann auch Hilfsreferent sein. Der maßgebende Gedanke ist der, daß der Beamte Auskunft geben soll, der die Angelegenheit am genauesten kennt und die in Frage kommenden Verhältnisse am besten überblickt.

2. In einer nun aufgehobenen Bekanntmachung des seinerzeitigen Staatsministeriums für Soziale Fürsorge über Einhaltung des Dienstwegs vom 26. April 1921 (unten § 62 Abs. II Ziff. 158) fand sich die Bestimmung, daß Abordnungen grundsätzlich nur nach Anmeldung oder auf Einladung vorsprechen sollen. Diese Vorschrift wurde in die ADO. nicht ausdrücklich aufgenommen; gleichwohl wird es aber auch weiterhin die Regel zu bilden haben, daß Abordnungen vorher unter Mitteilung des Gegenstands, über den verhandelt werden soll, angemeldet werden, schon damit der zuständige Beamte sicher anwesend ist, sich nötigenfalls zuvor noch die etwa erforderlichen Auskünfte anderer Stellen beschaffen, die in Frage kommenden Akten bereitlegen und die sonst notwendigen Vorbereitungen für eine rasche, erschöpfende Sachbehandlung treffen kann. Andernfalls entsteht die Gefahr, daß die Abordnung vergeblich bei Amt erscheint oder die mündliche Verhandlung jedenfalls zu keinem abschließenden Ergebnis führt.

3. Abs. II, Satz 1, Nachsatz handelt von der Aufrechterhaltung der Ordnung, der Verhinderung von Dienststörungen. Der Vollständigkeit wegen ist im Satz 2 auch auf die selten angewandten, aber äußerstenfalls zur Verfügung stehenden Strafmaßnahmen verwiesen.

Bevorzugte Abfertigung Schwerbeschädigter.

§ 29.

I Schwerbeschädigte, die zu 50 v. H. und mehr in der Erwerbsfähigkeit beschränkt sind, ferner die ihnen nach dem Reichsgesetz über die Beschäftigung Schwerbeschädigter (RGBl. 1923 I S. 57) gleichstehenden Personen (insbesondere Schwerunfallverletzte) und Schwerbesatzungsbeschädigte nach dem Besatzungspersonenschädengesetz (RGBl. 1927 I S. 103) können bei den Bezirksverwaltungsbehörden als den amtlichen Fürsorgestellen für Kriegsbeschädigte und Kriegshinterbliebene die Ausstellung von Ausweisen beantragen, auf Grund deren sie von allen Amtsstellen bei der persönlichen Erledigung eigener Angelegenheiten bevorzugt abzufertigen sind. Zuständig zur Erteilung des Ausweises ist die Fürsorgestelle des gewöhnlichen Aufenthalts.

II Die Erteilung des Ausweises setzt voraus, daß der Schwerbeschädigte wegen seiner Verletzung längeres Stehen oder Warten nicht ertragen kann. Dies muß in der Regel vom Arzt bescheinigt sein. Die ärztliche Untersuchung wird von der Fürsorgestelle veranlaßt. Ärztliche Untersuchung ist dann nicht erforderlich, wenn die Voraussetzungen für die Erteilung des Ausweises offensichtlich erfüllt sind.

III Der Ausweis muß mit dem Lichtbild des Inhabers versehen sein. Der Rand des Lichtbilds wird überstempelt. Wegen der Form des Ausweises vgl. im übrigen Anlage 4, Vordruck ee.

Anlage 4, Vordruck ee.

IV Jeder Ausweis wird von der Bezirksverwaltungsbehörde mit einer Nummer versehen und in eine Liste eingetragen. Er gilt jeweils nur für das laufende Kalenderjahr; seine Gültigkeit kann jedoch von der Bezirksverwaltungsbehörde nach erneuter Prüfung des Bedürfnisses (durch handschriftlichen Vermerk auf der Rückseite des Ausweises unter Beisetzung des Stempels) für das nächste Kalenderjahr verlängert werden. Stirbt der Schwerbeschädigte oder wird der Ausweis sonst entbehrlich, so wird der Ausweis eingezogen. Wenn im Zustand des Leidens oder Gebrechens keine Änderung mehr zu erwarten ist, kann der Ausweis mit einer Gültigkeitsdauer bis zu drei Jahren ausgestellt werden. Bei Mißbrauch kann der Ausweis entzogen werden.

V Die Ausstellung der Ausweise und die Verlängerung ihrer Gültigkeit erfolgt gebührenfrei. Vordrucke für die Ausweise können von der Hauptfürsorgestelle für Kriegsbeschädigte und Kriegshinterbliebene bezogen werden.

VI Auf die bevorzugte Abfertigung Schwerbeschädigter ist durch Anschlag in den Warteräumen, an den Schaltern oder sonstigen Abfertigungsstellen aufmerksam zu machen. In den Amtsräumen sind entsprechende Sitzgelegenheiten und etwa sonst notwendige Einrichtungen für die Schwerbeschädigten vorzusehen.

Eine besonders rücksichtsvolle Behandlung können im mündlichen Verkehr die Schwerbeschädigten beanspruchen. In Frage kommen nicht nur die Schwerkriegsbeschädigten, sondern auch die ihnen in körperlicher Hinsicht gleichzuachtenden Personen, besonders die Schwerunfallverletzten und Schwerbesatzungsbeschädigten. Sie können sich, wenn sie wegen ihrer Verletzung längeres Stehen oder Warten nicht ertragen können, von ihrer Bezirksverwaltungsbehörde (gebührenfrei) einen Ausweis ausstellen lassen, auf Grund dessen sie von allen Amtsstellen bei der persönlichen Erledigung ihrer eigenen Angelegenheiten bevorzugt abzufertigen sind. Ein Muster für einen solchen Ausweis findet sich als Vordruck ee in der Anlage 4. Solche Vordrucke können von der Hauptfürsorgestelle für Kriegsbeschädigte und Kriegshinterbliebene (München 1, Briennerstraße 50) für alle Schwerbeschädigten (nicht nur die Kriegsbeschädigten) bezogen werden.

Auskunftserteilung. Mündliche Verhandlungen.

§ 30.

I Auskünfte sind mit der nötigen Umsicht zu erteilen. Sie sind unzulässig, wenn dadurch das Dienstgeheimnis verletzt werden könnte. Dies ist besonders auch im fernmündlichen Verkehr zu beachten.

II Das mündliche Vorbringen und der etwa erteilte mündliche Bescheid ist nötigenfalls zu den Akten zu vermerken. Nur in besonders wichtigen Fällen sind die mündlichen Verhandlungen in einer Niederschrift festzulegen.

1. Die ADO. hält ebenso wie die Gemeinsame Geschäftsordnung für die höheren Reichsbehörden im § 70 Abs. (1) und die Württembergische Dienstordnung im § 72 Abs. (5) eine Mahnung an die Beamten zur Vorsicht und Zurückhaltung bei der mündlichen Auskunftserteilung für notwendig. Dies gilt besonders für jüngere Beamte, die noch nicht die praktische Erfahrung und Umsicht älterer im vollen Umfang besitzen können. Besonders ist darauf zu achten, daß nicht bei lebhafter Aussprache unüberlegt ein Dienstgeheimnis verletzt wird.

Vielleicht noch gefährlicher als der mündliche ist in dieser Hinsicht der fernmündliche Verkehr.

Wenn eine Auskunft nicht sofort sicher erteilt werden kann, ist der Anfragende auf den schriftlichen Weg zu verweisen.

2. Schon § 8 der MB. über die Vereinfachung des dienstlichen Verkehrs vom 28. April 1901 schrieb vor, daß die protokollarische Form der Beurkundung amtlicher Vorgänge unter Zuziehung eines Aktuars (Protokollführers) tunlichst zu beschränken sei. Inzwischen hat der bloße Aktenvermerk in allen Fällen, in denen nicht (auf Grund prozeßrechtlicher Vorschriften usw.) die Aufnahme einer Niederschrift notwendig ist, immer mehr das umständliche „Protokoll" verdrängt. Von der Beiziehung eines zweiten Beamten wird fast immer abgesehen.

Auch wenn in Ausnahmefällen das Bedürfnis besteht eine Niederschrift aufzunehmen, kann sie zumeist kurz gehalten werden. Häufig genügt schon die gedrängte Darstellung der Ergebnisse der Aussprache. Längere Niederschriften können dadurch vereinfacht und beschleunigt werden, daß sie zunächst in Kurzschrift aufgenommen und erst nachträglich in Vollschrift übertragen werden.

3. Es besteht aber auch die Verpflichtung, alles, was später noch von Bedeutung sein kann, wenn auch in kürzester Fassung, in den Akten festzulegen. Der Stand der Akten soll jederzeit so sein, daß ein anderer

Beamter gleicher Vorbildung das Amt als Vertreter oder Nachfolger ohne Schwierigkeiten übernehmen kann. Der Beamte darf sich nicht dadurch unersetzlich machen, daß er — im Vertrauen auf sein Gedächtnis — bedeutsame Vorgänge nur für sich behält.

Über wichtigere Empfänge und über die Teilnahme an mündlichen Besprechungen wird der Beamte in der Regel auch dem Amtsvorstand oder dem etwaigen Abteilungsvorstand Vortrag zu erstatten haben. Das Nähere hierüber wird der Amtsvorstand nach § 1 Abs. II bestimmen.

II. Schriftlicher Verkehr.

Vorbemerkungen zum Unterabschnitt II (Schriftlicher Verkehr).

(§§ 31—46).

Die Allgemeine Dienstordnung bringt hier zunächst wieder unter A (§§ 31—35) allgemeine Bestimmungen für den schriftlichen Verkehr. Im § 31 wird die Form privater Eingaben besprochen, im § 32 die Behandlung (Nichtbehandlung) namenloser und beleidigender Eingaben. § 33 stellt die verschiedenen Arten amtlicher Schriftstücke einander gegenüber und zwar zunächst unausgeschieden für Entwürfe und Reinschriften; daran anschließend behandelt er aber den urschriftlichen Verkehr (bei dem Entwurf und Reinschrift zusammenfällt) sogleich erschöpfend.

Es folgen in den §§ 34 und 35 Bestimmungen darüber, inwieweit die Behörden befugt sind unmittelbar mit anderen Behörden und mit Privaten zu verkehren oder einen bestimmten Dienstweg einzuhalten haben, und über den Verkehr mit diplomatischen Vertretungen, Konsulaten und ausländischen Behörden.

Nach diesen gemeinsamen Bestimmungen gliedern sich die folgenden Paragraphen wieder in einen Teil B (§§ 36—43), der sich mit der Sach-(Entwurfs-)behandlung, und einen Teil C (§§ 44—46), der sich mit den Reinschriften mit Einschluß der Briefumschläge befaßt.

A. Allgemeine Bestimmungen.

Form privater Eingaben.

§ 31.

Anlage 4, Muster 1.

I Für Eingaben von Privaten an Behörden wird das in der Anlage 4, Muster 1 enthaltene Formblatt empfohlen.

II Die Eingaben sollen die Anschrift der Behörde, den Betreff und die Zahl und Art etwaiger Beilagen enthalten sowie auf das Datum und Akten-(Geschäfts-)zeichen etwaiger amtlicher Vorgänge verweisen. Aus den Eingaben soll ferner die vollständige Anschrift des Absenders (Vor- und Zuname in leserlicher Schrift), Stand, Wohnort, Wohnung, Postbestellbezirk, in großen Städten auch Zustellamt, gegebenenfalls auch die Fernsprechnummer, das Bank- oder Postscheckkonto, wenn Zahlungen der Behörde in Frage kommen, und die Telegrammadresse des Absenders ersichtlich sein. Von Höflichkeitsformeln ist abzusehen.

III Die Behörden haben Eingaben von Privaten auch dann zu behandeln, wenn sie von der empfohlenen Form abweichen.

1. § 31 empfiehlt nach dem Vorgang des § 4 der MB. über die Vereinfachung des dienstlichen Verkehrs vom 28. April 1901 für private Eingaben eine gewisse Form, die im wesentlichen nur die noch vereinfachte Norm der amtlichen Schreiben ist. Im Anhang (Anl. 4, Muster 1) ist auch noch ein Beispiel gegeben; Abs. III bringt aber klar zum Ausdruck, daß für Private keine Verpflichtung besteht, sich an das Muster zu halten, und daß die Behörden Eingaben auch dann zu behandeln haben, wenn darin von der empfohlenen Form abgewichen wird.

2. Die Bestimmungen des § 31 sind gegenüber den bisherigen nur wenig geändert. Neu ist, daß in großen Städten auch die Beifügung des Zustellamts empfohlen wird, gegebenenfalls auch die Angabe der Fernsprechnummer, unter der der Absender zu erreichen ist, und einer etwaigen verkürzten Telegrammadresse, ferner, wenn Zahlungen der Behörde in Frage kommen, allenfalls auch des Bank- oder Postscheckkontos des Absenders.

3. Von bloßen Höflichkeitswendungen und Unterwürfigkeitsformeln, wie „ergebenst", „untertänigst", „gehorsamst", Umschreibungen mit „wollen", „gütigst wollen" usw., Bezeichnung der Behörde wie „verehrliches Messungsamt", „hohe Kreisregierung", „höchstes Staatsministerium" u. dgl. soll abgesehen werden (vgl. auch § 39 Abs. III).

4. Eingaben, die bei einer unzuständigen Behörde einlaufen, werden von dieser in der Regel an die zuständige Stelle weitergeleitet. (Vgl. § 26 Abs. I.) Erforderlichenfalls werden die Beteiligten von der Abgabe benachrichtigt.

Behandlung namenloser und beleidigender Eingaben.

§ 32.

I Namenlose Eingaben, Anzeigen und Beschwerden sind ohne Rücksicht auf ihren Inhalt regelmäßig nicht weiter zu behandeln, soweit nicht wie z. B. für die Staatsanwaltschaft oder die Behörden des Polizei- und Sicherheitsdienstes besondere Vorschriften bestehen.

II Dienstaufsichtsbeschwerden, die Beschimpfungen von Behörden und Beamten enthalten, werden ohne Sachbehandlung mit der Eröffnung zurückgegeben, daß die Behandlung der Beschwerde nur erfolgt, wenn sie sich von Beschimpfungen freihält. Die Frage der strafrechtlichen Verfolgung bleibt dabei unberührt.

Zu § 32, der die sog. anonymen und die beleidigenden Eingaben behandelt, sind Erläuterungen kaum notwendig.

Zuweilen erfolgt auch ein Fernruf, ohne daß der Anrufer seinen Namen mitteilt. Hier ist besondere Vorsicht geboten; im allgemeinen wird der Beamte ein Ferngespräch nicht entgegennehmen, ohne sich über die Person des Anrufers zu vergewissern.

Arten amtlicher Schriftstücke.

§ 33.

I Im amtlichen Schriftverkehr werden, abgesehen von Urteilen, Beschlüssen und Bescheiden, unterschieden:

1. Berichte, d. h. Schriftstücke an übergeordnete Behörden,
2. Entschließungen der Staatsministerien und Mittelstellen, Verfügungen der übrigen Behörden, d. h. Schriftstücke an untergeordnete Behörden und Beamte, ferner an Private dann, wenn der Inhalt einen obrigkeitlichen Akt darstellt,
3. Schreiben, d. h. Schriftstücke an andere Empfänger und in sonstigen Fällen,
4. Erlasse, d. h. Schriftstücke, die eine Regelung innerhalb der Behörde treffen.

II Wenn Schriftstücke in Urschrift auslaufen, spricht man von „Randbericht", „Randentschließung", „Randverfügung", „Randschreiben".

III Der urschriftliche Verkehr ist möglichst häufig anzuwenden. Wenn ein zu behandelnder Eingang zugrundliegt, wird die Verfügung usw. in der Regel auf den Eingang selbst gesetzt, wenn dies nicht tunlich ist, auf ein besonderes Blatt (vgl. Anlage 4, Muster 5, a—e).

Anlage 4, Muster 5, a—e.

IV Urschriftliche Zuleitung „G. R." (Gegen Rückgabe) an eine andere (gleich- oder untergeordnete) Behörde empfiehlt sich, wenn anzunehmen ist, daß diese keine Abschrift für ihre Akten benötigt und das Schriftstück wieder zurückleiten wird (Anlage 4, Muster 5, b und d).

Anlage 4, Muster 5, b u. d.

V Bei Schriftstücken, die in Urschrift auslaufen sollen, ist der Betreff und ein etwaiger veranlassender Eingang (vgl. § 40 Ziff. 1 d und e) nur dann zu bezeichnen, wenn die Verfügung usw. auf ein neues Blatt gesetzt wird.

1. § 33 behandelt sowohl Schriftstücke, die auf Grund eines Entwurfs, der zu den Akten genommen wird, in Reinschrift auslaufen („Verkehr mit Reinschriften"), als solche, die die Behörde in Urschrift verlassen. Die Form der Entwürfe wird im einzelnen im § 40 geregelt; dagegen findet der urschriftliche Verkehr im § 33 seine endgültige Regelung.

2. Der Verkehr mit Reinschriften besitzt den Vorzug, daß der genaue Inhalt der ausgelaufenen Schriftstücke jederzeit wieder aus den

Akten entnommen werden kann. Dies ist von besonderer Bedeutung in Fällen, deren Erledigung sich längere Zeit hinzieht, in denen es bei der Abfassung späterer Schriftstücke auf die Kenntnis der früheren („der Vorgänge") ankommt. Der Verkehr mit Reinschriften beansprucht aber anderseits viel Material- und Zeitaufwand. Es muß zuerst von dem Sachbearbeiter sei es der Referent selbst oder sein Hilfsreferent (vgl. Bem. 1 zu § 28), ein Entwurf aufgestellt werden. Wenn weitere Referenten mitbeteiligt sind, gehen u. U. nach § 25 Abs. II mündliche Besprechungen mit ihnen voraus. Der ausgearbeitete Entwurf wird vom Referenten gezeichnet und den allenfalls mitbeteiligten Referenten zur Mitzeichnung zugeleitet. Hierauf wird er dem jeweils für die sachliche Erledigung der Geschäfte verantwortlichen Beamten (bei kleineren Behörden dem Amtsvorstand) zur Prüfung und Unterschrift vorgelegt. Jetzt erst gelangt der nun maßgebend gewordene Entwurf in die Kanzlei und wird hier reingeschrieben. Die Reinschrift wird wieder dem verantwortlichen Beamten zur Unterzeichnung vorgelegt und dann endlich versandt. Dabei vermerkt der „expedierende" Beamte (das Auslaufamt) auf dem Entwurf den Tag des Auslaufs.

3. Beim „urschriftlichen" oder „kurzhändigen Verkehr" wird die Herstellung einer Reinschrift vermieden und dadurch Zeit und Material gespart. Das ursprüngliche Schriftstück läuft als solches aus, selbstverständlich auch mit der Unterschrift des für die sachliche Erledigung der Geschäfte verantwortlichen Beamten. Der Name des Sachbearbeiters und des Referenten kann ganz fortbleiben (er braucht ja nicht nach außen in Erscheinung zu treten) oder nur durch eine Chiffre angedeutet werden.

Die einfachen Formen des urschriftlichen Verkehrs werden am besten aus den Mustern 5, a—e der Anlage 4 ersehen.

Der urschriftliche Verkehr empfiehlt sich wegen seiner Einfachheit dann, wenn das auslaufende Schriftstück im Akt zu entbehren ist oder sein Inhalt nötigenfalls ganz kurz, stichwortartig zum Akt vermerkt werden kann. Durch einen solchen Vermerk wird die Anwendung des urschriftlichen Verkehrs auch in den zahlreichen Fällen ermöglicht, in denen es doch nötig ist, daß der Vorgang aus den Akten annähernd ersehen werden kann.

Der urschriftliche Verkehr wird aus Vereinfachungs- und Ersparnisgründen bevorzugt. Abs. III Satz 1 bestimmt, daß er möglichst häufig anzuwenden ist.

Die urschriftliche Erledigung verbietet sich aber in der Regel, wenn mehrere Erhebungen gleichzeitig zu treffen sind. (Vgl. § 36 Abs. I Satz 2 und Bem. 1 zu § 36).

4. Die im Abs. IV behandelte Unterart des urschriftlichen Verkehrs (urschriftliche Zuleitung „G.R.") ist dann am Platz, wenn anzunehmen ist, daß die andere Behörde keine Abschrift zu ihren Akten benötigt; sonst würde hier der urschriftliche Verkehr nur eine Verschiebung der Arbeit bedeuten.

Bei den „g. R." auslaufenden „Rand"schriftstücken tritt an Stelle des Wiedervorlagevermerks auf dem Entwurf (§ 40 Ziff. 6) die Vormerkung einer Frist auf der Urschrift, innerhalb deren die Rückkunft des Schriftstücks erwartet wird. Ein Beispiel bietet Anlage 4, Muster 5 c. Diese Frist wird, wie die Verfügung „T. V." (Termin vormerken!) besagt, im Akt der absendenden Behörde oder in einer besonderen Liste vorgemerkt. Die Registratur hat nach fruchtlosem Ablauf der Frist dem Referenten die Verhandlungen wieder vorzulegen.

5. Die urschriftliche Erledigung erfolgt dann, wenn ihr ein veranlassender Eingang zugrunde liegt, in der Regel auf diesem Schriftstück selbst. Sie kann aber auch auf ein besonderes Blatt gesetzt werden. (Dazu wird dann meistens wie bei Reinschriften weißes Papier verwendet.) Nur auf einem solchen besonderen Blatt bedarf es der Angabe des Betreffs und des etwaigen veranlassenden Eingangs. In den anderen Fällen können im urschriftlichen Verkehr diese regelmäßigen Bestandteile der Entwürfe und Reinschriften (§ 40 Ziff. 1 d u. e) entbehrt werden, weil sich die urschriftliche Beantwortung ja unmittelbar an den veranlassenden Eingang anschließt, sich also Schreiben an Schreiben reiht.

Wenn die andere Behörde im Fall einer Zuleitung „z. R." (Abs. IV) nur eine ganz kurze Bemerkung zu machen hat, so setzt sie diese, wenn möglich, am zweckmäßigsten auf die erste Seite des Schriftstücks, auf der ohnehin schon der Betreff steht.

6. Bei der Aufzählung der Arten amtlicher Schriftstücke unterscheidet Abs. I, dem für den urschriftlichen Verkehr Abs. II entspricht, — abgesehen von den mehr oder weniger formgebundenen Urteilen, Beschlüssen und Bescheiden — vier Gruppen:

a) Berichte, d. s. Schriftstücke an übergeordnete Behörden. (Auf ihnen ist nach § 44 Abs. II Satz 2 der Name des Referenten anzugeben);

b) Entschließungen oder Verfügungen, d. s. Schriftstücke an untergeordnete Behörden und an Beamte, außerdem aber auch an Private, wenn der Inhalt des Schriftstücks einen obrigkeitlichen Akt (Verwaltungsakt) bildet, z. B. die Erteilung einer Erlaubnis, wenn sie nicht ohnehin in der Form eines „Beschlusses" erfolgt.

„Entschließungen" ergehen nach dem bayerischen Dienstsprachgebrauch von den Staatsministerien und Mittelstellen, „Verfügungen" von den übrigen Behörden. Von „Verfügung" sprechen in diesem Sinn von neueren Gesetzen z. B. Art. 93 FischG. und Art. 61 ÖdlG.

Entschließungen und Verfügungen erfolgen regelmäßig in der Form des Auftrags (§ 39 Abs. IV).

c) Schreiben (die allgemeinste Bezeichnung), d. s. Schriftstücke an sonstige Empfänger oder in anderen Fällen als nach a und b.

Es handelt sich insbes. um Schriftstücke an gleichgeordnete Behörden (auch von einem Staatsministerium an ein anderes, wo man früher von „Note" sprach), dann an Private, wenn das Schriftstück keinen obrigkeitlichen Akt enthält.

Schreiben werden gegebenenfalls in der Form des Ersuchens abgefaßt (§ 39 Abs. IV).

d) Erlasse, d. s. nach bayerischem Dienstsprachgebrauch Schriftstücke, durch die eine Regelung innerhalb der Behörde getroffen wird.

7. Im urschriftlichen Verkehr kommen grundsätzlich die gleichen Arten amtlicher Schriftstücke vor; nur spricht man hier von „Randbericht" (s. Anlage 4, Muster 5 a), „Randentschließung" (s. Anlage 4, Muster 5 b und c), „Randverfügung" und „Randschreiben" (s. Anlage 4, Muster d und e).

Unmittelbarer Schriftverkehr.
Einhaltung des Dienstwegs.

§ 34.

I Die Behörden verkehren untereinander und mit Privatpersonen grundsätzlich unmittelbar. Dies gilt entsprechend auch für den Verkehr mit den Behörden des Reichs und der anderen Länder, mit den Behörden der Deutschen Reichsbahngesellschaft, mit den Landesarbeitsämtern und Arbeitsämtern. Mit den Reichsministerien, den Ministerien anderer Länder und mit den Reichsbehörden, deren Wirkungskreis sich auf das ganze Reichsgebiet erstreckt, ferner mit dem Reichstag, dem Reichsrat und dem Landtag verkehren die Behörden nur über die Staatsministerien.

II Bei Berichten an die vorgesetzten Behörden ist der Dienstweg einzuhalten, soweit nicht unmittelbare Berichterstattung an eine höhere Stelle vorgeschrieben, von ihr angeordnet oder aus besonderen Gründen geboten ist.

1. Abs. I Satz 1 bestimmt, daß die Behörden untereinander und mit Privatpersonen grundsätzlich unmittelbar verkehren. Noch § 14 der Ministerialbekanntmachung über die Vereinfachung des dienstlichen Verkehrs vom 28. April 1901 enthielt hier Einschränkungen, die uns kaum mehr begreiflich erscheinen. So war der unmittelbare Verkehr mit Privatpersonen nur „im ganzen Umfange des Königreiches" gestattet, „wenn weder eine Mitwirkung noch eine Kenntnisnahme von seiten derjenigen Stellen und Behörden notwendig ist, welche den Beteiligten zunächst vorgesetzt sind." Heute besteht keine Schranke mehr, daß eine bayerische Behörde einer entsprechenden Behörde eines anderen deutschen Landes oder einer Privatperson in irgeneinem deutschen Land unmittelbar antwortet.

2. Seltsam mutet es ferner an, daß auch Abs. I Satz 2 ganz neu ist. Er spricht aus, daß die bayerischen Behörden grundsätzlich auch mit den Behörden des Reichs (z. B. den Postämtern und Finanzämtern), dann mit den Behörden der Deutschen Reichsbahngesellschaft, mit den Landesarbeitsämtern und Arbeitsämtern unmittelbar verkehren. Früher waren allerdings die meisten der innerhalb Bayerns in Frage kommenden Reichsbehörden Landesämter und bedurfte es daher keiner besonderen Bestimmung.

Der Verkehr mit der Reichsanstalt für Arbeitsvermittlung und Arbeitslosenversicherung war schon in einer nun entbehrlich gewordenen Entschließung des Staatsministeriums für Soziale Fürsorge vom 7. Juli 1928 (unten § 62 Abs. II Ziff. 191) geregelt.

Ausnahmen bestehen aber auch heute noch für den Verkehr mit den obersten Behörden des Reichs und der Länder, d. h. mit den Reichsministerien, den Ministerien der Länder und allen Reichsbehörden, deren Wirkungskreis sich auf das ganze Reich erstreckt, ferner für den Verkehr mit dem Reichstag, dem Reichsrat und dem Landtag. Hier erfolgt der Verkehr der Behörden über die Staatsministerien.

3. Abs. II behandelt die Einhaltung des Dienstwegs, letzthin auch

eine Ausnahme von dem Grundsatz des unmittelbaren Verkehrs. Bei dienstlicher Berichterstattung dürfen die Mittelstellen nicht übergangen werden, außer wenn unmittelbare Berichterstattung an eine höhere Stelle vorgeschrieben oder von ihr ausnahmsweise angeordnet oder aus besonderen Gründen geboten ist.

Verkehr mit diplomatischen Vertretungen, Konsulaten und ausländischen Behörden.

§ 35.

Unbeschadet der besonderen Vorschriften für die Justizbehörden über den Rechtsverkehr und den Verkehr in Auslieferungssachen gilt für die den Staatsministerien untergeordneten Behörden folgendes:

1. Die Behörden verkehren mit den bayerischen Gesandtschaften, den diplomatischen Vertretungen und den Konsulaten des Reichs im Ausland sowie den ausländischen diplomatischen Vertretungen, sofern nicht Gefahr auf Verzug besteht, nicht unmittelbar. Wird ein Verkehr notwendig, so berichten die Behörden auf dem Dienstweg an das vorgesetzte Staatsministerium. Nur die Regierungen, Kammern des Innern, und die Bezirksverwaltungsbehörden verkehren mit den deutschen Konsulaten und mit den bei den deutschen diplomatischen Vertretungen im Ausland bestehenden Konsulatsabteilungen*) unmittelbar; in Angelegenheiten von allgemeiner oder grundsätzlicher Bedeutung ist jedoch auch von ihnen an das vorgesetzte Staatsministerium zu berichten.

2. Mit ausländischen Konsuln**) findet ein unmittelbarer Verkehr statt, soweit es sich um konsularische Angelegenheiten ihres Amtsbezirks handelt. Die Zulassung der ausländischen Konsuln wird jeweils im Staatsanzeiger bekanntgemacht.

3. Bestehen gegen die Beantwortung von konsularischen Anfragen aus politischen, wirtschaftlichen oder anderen Gründen Bedenken, so sind die Anfragen dem vorgesetzten Staatsministerium vorzulegen.

4. Anfragen ausländischer diplomatischer Vertretungen sowie Anfragen ausländischer Konsulate in anderen als in

---

*) Vgl. das vom Auswärtigen Amt herausgegebene, im Verlag Karl Heymann, Berlin, jährlich erscheinende amtliche Verzeichnis der deutschen Gesandtschaften, Konsulate und Paßstellen, aus dem auch die Konsularbezirke ersichtlich sind.

**) Vgl. das vom Auswärtigen Amt herausgegebene, im Verlag E. S. Mittler u. Sohn, Berlin, jährlich erscheinende amtliche Verzeichnis der ausländischen Konsuln im Deutschen Reich.

konsularischen Angelegenheiten ihres Amtsbezirks sind nicht zu beantworten, sondern dem vorgesetzten Staatsministerium vorzulegen.

5. Der unmittelbare Verkehr mit ausländischen Behörden ist den Behörden grundsätzlich nicht gestattet.

Ausnahmen bestehen insoweit, als der unmittelbare Verkehr mit ausländischen Behörden auf Grund von Rechtshilfe-, Übernahme- oder anderen Abkommen zugelassen ist. Auch in solchen Fällen ist in Fragen von allgemeiner oder grundsätzlicher Bedeutung die Entscheidung des vorgesetzten Staatsministeriums einzuholen.

6. Den ausländischen Behörden gleichzuachten sind die zwischenstaatlichen Einrichtungen, wie der Völkerbund, die zwischenstaatlichen Gerichtshöfe und die Kommissionen fremder Staaten.

7. Gesuche ausländischer Behörden und von Ausländern um die Erlaubnis zur Besichtigung öffentlicher Einrichtungen sind regelmäßig dem vorgesetzten Staatsministerium vorzulegen.

1. § 35 ist der einzige Paragraph, der sich nur an die den Staatsministerien untergeordneten Behörden, nicht auch an die Staatsministerien selbst wendet. Für die Staatsministerien ist die entsprechende Regelung im § 22 der Gemeinsamen Geschäftsordnung für die Staatsministerien getroffen. Dort ist ausgesprochen, daß die Staatsministerien mit den Regierungen außerdeutscher Länder, dem Heiligen Stuhl, deren Vertretungen und den fremden Konsuln ausschließlich durch Vermittlung des Staatsministeriums des Äußern, für Wirtschaft und Arbeit verkehren, daß aber die Zuständigkeit der beteiligten Staatsministerien zur sachlichen Würdigung der einzelnen Fälle unberührt bleibt. Die Staatsministerien leiten unmittelbar eingehende Ersuchen mit der etwa veranlaßten Äußerung an das Staatsministerium des Äußern, für Wirtschaft und Arbeit.

2. Ausnahmen von der allgemeinen Regelung werden zugunsten der Justizbehörden für den Rechtsverkehr und für den Verkehr in Auslieferungssachen vorgesehen. Vgl. die Ministerialbekanntmachungen vom 7. August 1928 über den Rechtsverkehr der Justizbehörden mit dem Ausland (JMBl. n. F. Bd. III S. 72) und über das Verfahren der Justizbehörden bei der Erwirkung der Auslieferung strafrechtlich verfolgter oder verurteilter Personen aus dem Ausland (JMBl. n. F. Bd. III S. 164) sowie Dr Meukel, Die bayerischen Vorschriften über den zwischenstaatlichen Rechtsverkehr in Zivil- und Strafsachen.

3. Ziff. 1 stellt den Grundsatz auf, daß die Behörden mit den bayerischen Gesandtschaften (beim Heiligen Stuhl in Rom, in Berlin und in Stuttgart) den diplomatischen Vertretungen (Botschaften, Gesandtschaften) und den Konsulaten des Reichs im Ausland sowie mit den ausländischen diplomatischen Vertretungen (in Bayern z. B. der Apostolischen Nuntiatur

und der Französischen Gesandtschaft) grundsätzlich nicht unmittelbar verkehren. Die Behörden berichten vielmehr, wenn ein solcher Verkehr notwendig wird, auf dem Dienstweg an das ihnen vorgesetzte Staatsministerium, das dann das Weitere veranlaßt.

Über die Einrichtung der deutschen Konsulate, ihre Rechte und Pflichten vgl. das Ges. vom 8. November 1867 (GBl. 1871 Beil. S. 45) in der Fassung vom 10. Juli 1879 (RGBl. S. 197) und des EGBGB.

Sie beantworten nach Ziff. 4 auch die etwaigen Anfragen ausländischer diplomatischer Vertretungen nicht, sondern legen sie dem vorgesetzten Staatsministerium vor.

Nur zugunsten der Regierungen, Kammern des Innern, und der Bezirksverwaltungsbehörden ist nach dem Vorgang der aufgehobenen Ministerialentschließung über den unmittelbaren Verkehr mit den deutschen Konsulaten vom 31. Januar 1929 (unten § 62 Abs. II Ziff. 194) aus praktischen Gründen die Ausnahme vorgesehen, daß sie mit den deutschen Konsulaten und mit den bei den deutschen diplomatischen Vertretungen im Ausland bestehenden Konsulatsabteilungen unmittelbar verkehren und nur in Angelegenheiten von allgemeiner oder grundsätzlicher Bedeutung an das vorgesetzte Staatsministerium berichten.

4. Ziff. 2 regelt den Verkehr mit ausländischen Konsuln (Generalkonsuln, Vizekonsuln) im Inland. Sie genießen nicht den Rang von diplomatischen Vertretungen, wenn sie auch zum Teil mit diplomatischen Beamten besetzt sind, die u. U. den Titel Gesandter führen. Die Konsuln sind völkerrechtlich nicht Vertreter ihrer Staaten, sondern nur deren Beamte, die bei uns mit Zustimmung des Reichs Amtsgeschäfte ihrer Staaten und deren Staatsangehörigen erledigen.

Mit den ausländischen Konsuln im Inland findet, wenn sie zugelassen sind (das sog. Exequatur erhalten haben), in konsularischen Angelegenheiten ihres Amtsbezirks ein unmittelbarer Verkehr der den Staatsministerien untergeordneten Behörden statt (hinsichtlich der Staatsministerien selbst s. Bem. 1). Wenn jedoch gegen die Beantwortung konsularischer Anfragen politische, wirtschaftliche oder sonstige Bedenken bestehen, so sind die Anfragen nach Ziff. 3 vor einer Antworterteilung dem vorgesetzten Staatsministerium vorzulegen, das das Weitere veranlassen wird. (Vgl. auch Bem. 7.)

Ebenso werden nach Ziff. 4 Anfragen ausländischer Konsulate in anderen als konsularischen Angelegenheiten ihres Amtsbezirks nicht beantwortet, sondern dem vorgesetzten Staatsministerium vorgelegt. Dies gilt natürlich erst recht, wenn sich Konsuln, ohne zugelassen zu sein, an die Behörden wenden sollten.

5. Ziff. 5 verbietet den Behörden, was schon bisher Rechtens war, den unmittelbaren Verkehr mit ausländischen Behörden, enthält aber im zweiten Absatz weitgehende Ausnahmen auf Grund von Rechtshilfe-, Übernahme- und anderen Abkommen. Auch hier gilt wieder die Einschränkung, daß in Fragen von allgemeiner oder grundsätzlicher Bedeutung die Entscheidung des vorgesetzten Staatsministeriums einzuholen ist.

Vor allem kommen hier die Angelegenheiten der Fremdenpolizei in Frage, auch das notwendige Zusammenarbeiten der Grenzbauämter, z. B. in Straßenbauangelegenheiten mit den ausländischen Bauämtern u. dgl.

Auch mit ausländischen Staatsangehörigen im Ausland verkehren die Behörden grundsätzlich nicht unmittelbar; die Ausländer werden in der Regel auf den diplomatischen Weg verwiesen. Selbstverständlich ist aber, soweit es sich z. B. um die Aufnahme von Studierenden ausländischer Staatsangehörigkeit handelt, den Vorständen der Unterrichtsanstalten der unmittelbare Verkehr mit den Ausländern gestattet.

6. Dem unmittelbaren Verkehr mit Deutschen im Ausland ist keine Schranke gezogen.

Für den Verkehr mit Elsaß-Lothringen bedurfte es keiner besonderen Regelung. Die Besonderheiten des Verkehrs mit dem deutschen Saargebiet werden, wie zu hoffen ist, schon sehr bald der Vergangenheit angehören und sind deshalb in der Allgemeinen Dienstordnung nicht mehr behandelt.

7. In einer Entschließung des Staatsministeriums des Äußern über Auskunft an fremde Konsulate und ausländische Behörden vom 23. Juni 1923 (aufgehoben im § 62 Abs. II Ziff. 174) war zu besonderer Vorsicht gegenüber Bitten fremder Konsulate und ausländischer Verwaltungsbehörden um Überlassung von statistischem Material, Jahresberichten usw. und gegenüber Ersuchen um Aufschluß über Einrichtungen gemahnt worden. Es war beigefügt, daß eine unmittelbare sachliche Aufschlußerteilung gegenüber den im Inland zugelassenen fremden Konsulaten nur insoweit unbedenklich sei, als es sich um Material handle, das ohnedies veröffentlicht und daher allgemein zugänglich sei. Die Antwort werde in diesen Fällen regelmäßig nur in einem Hinweis auf die betreffenden Veröffentlichungen und ihre Bezugsquellen zu bestehen haben. Das gleiche gelte von Anfragen jener ausländischen Behörden, denen allgemein der unmittelbare Verkehr mit den deutschen Verwaltungsbehörden auf Grund besonderer Vereinbarungen eingeräumt sei. Anfragen ausländischer Behörden, denen ein solcher Verkehr nicht zustehe, seien in allen Fällen dem Staatsministerium des Äußern vorzulegen, ebenso unterschiedslos alle Anfragen, die anderes als veröffentlichtes und allgemein zugängliches Material im Auge hätten. Dem Staatsministerium des Äußern sei auch zu berichten, wenn die Verwaltungsbehörden nach den besonderen Umständen des Einzelfalls aus sonstigen Gründen Bedenken trügen, dem Ersuchen zu entsprechen.

Nach diesen Grundsätzen ist auch auf Grund des § 35 ADO. weiter zu verfahren; nur ist nicht mehr unmittelbar an das Staatsministerium des Äußern, für Wirtschaft und Arbeit, sondern an das vorgesetzte Staatsministerium zu berichten und diesem das Weitere zu überlassen.

8. Ziff. 7 behandelt den besonders häufigen Fall der Gesuche ausländischer Behörden und von Ausländern um die Erlaubnis zur Besichtigung von öffentlichen Einrichtungen. Diese Gesuche wurden bisher in der Regel dem Staatsministerium des Äußern, für Wirtschaft und Arbeit unmittelbar vorgelegt, daß dann erst wieder das sachlich zuständige Staatsministerium zu befragen hatte. Nunmehr wird der Weg der umgekehrte sein. Das sachlich zuständige Staatsministerium wird das Gesuch zuerst erhalten und sachlich prüfen. Das Staatsministerium des Äußern, für Wirtschaft und Arbeit wird nur dazu Stellung zu nehmen haben, ob von seiner Seite politische Bedenken geltend zu machen sind.

B. Sach- (Entwurfs) bearbeitung.

Beschleunigung. **§ 36.**

I Jeder Eingang ist unbeschadet der Gründlichkeit der Erledigung möglichst rasch zu behandeln. Alle im einzelnen Fall erforderlichen Erhebungen sind tunlichst gleichzeitig anzuordnen. Entbehrliche Erhebungen müssen unterbleiben. Zu vermeiden ist, daß durch anfängliche verzögerte Behandlung schließlich besondere Beschleunigungsvermerke notwendig werden. Als solche sind nur die Vermerke „Sofort" und „Eilt" zulässig. Sofort-Sachen sind unverzüglich, Eilt-Sachen vor den übrigen zu erledigen. Beschleunigungsvermerke sollen zur Entlastung des Geschäftsbetriebs nur sparsam und nur bei wirklicher Dringlichkeit verwendet werden. Der Grund der Beschleunigung ist, wenn er sich nicht von selbst ergibt, auf dem Entwurf möglichst anzugeben (z. B. Haftsache, Fristsache, Terminsache).

II Verzögert sich die Erledigung einer Angelegenheit infolge der Notwendigkeit von Erhebungen oder aus sonstigen Gründen in unverhältnismäßiger Weise, so ist ein Zwischenbescheid zu erteilen.

1. Leitender Grundsatz ist: Möglichst rasche Erledigung unbeschadet der Gründlichkeit! Dazu dient vor allem die umsichtige, tunlichst gleichzeitige Anordnung aller in Frage kommenden Erhebungen. Auch die sonst berechtigte Bevorzugung des urschriftlichen Verkehrs darf nicht dazu führen, daß dasselbe Schriftstück zuerst an die Behörde A, dann an B, schließlich an C usw. jeweils mit dem Ersuchen um Vornahme bestimmter Erhebungen oder um Äußerung geleitet und die endgültige Erledigung der Angelegenheit dadurch ungebührlich hinausgezögert wird. Der Sachbearbeiter hat sich vielmehr, wenn er eine Sache zur Bearbeitung erhält, sofort ein möglichst vollständiges Bild über alle nach Lage des Falls gebotenen Erhebungen und sonstigen Vorbereitungen der Enderledigung zu machen und von allem Anfang an planmäßig vorzugehen. Alles Entbehrliche, das die Erledigung verzögern könnte, hat dabei zu unterbleiben.

2. Beschleunigungsvermerke sollen bei zielbewußter, entschlossener Arbeit nicht zu oft notwendig werden. Sie verlieren durch ihre häufige Verwendung an Wirkung. Es entsteht auch zu leicht der Eindruck, es handle sich um eine Wichtigtuerei.

Die Allgemeine Dienstordnung gestattet, wie auch die Gemeinsame Geschäftsordnung für die höheren Reichsbehörden im § 24 (Abs. 1) nur die zwei völlig ernst gemeinten Beschleunigungsvermerke „sofort" und „eilt". „Sofort" heißt: Der Empfänger hat alles liegen zu lassen und sich unverzüglich der Erledigung der Sache zu widmen. Der Vermerk bedeutet also die größtmögliche Beschleunigung. Der Vermerk „eilt" besagt, daß die Angelegenheit vor den übrigen (Nichteilsachen) zu erledigen ist.

Vgl. auch Bem. 8 zu § 40.

Der Beamte, der einen der Beschleunigungsvermerke auf einem Entwurf anbringt, hat womöglich auch den Grund der Eile stichwortartig beizufügen.

3. Bei besonders eiligen Entwürfen wird es sich der pflichteifrige Referent nicht nehmen lassen, dem Entwurf bis zur Absendung der Reinschrift nachzugehen und darüber zu wachen, daß an keiner Stelle eine Verzögerung eintritt. Eine ausdrückliche Vorschrift hierüber wurde in die ADO. nicht aufgenommen.

4. Als sonstige Vermerke kommen noch in Frage: „geheim", „vertraulich" und (auf dem Briefumschlag) „persönlich", um anzudeuten, daß das Schriftstück nur vom Adressaten eigenhändig geöffnet werden soll. Vgl. § 40 Ziff. 2 und § 46 Abs. II.

5. Abs. II empfiehlt, wenn sich eine Angelegenheit unverhältnismäßig verzögert, einen Zwischenbescheid zu erteilen. Dies ist auch aus dem Grund zweckmäßig, um unnötige Rückfragen zu verhindern. Nach der Gemeinsamen Geschäftsordnung für die höheren Reichsbehörden ist z. B. dann, wenn sich die Erledigung voraussichtlich länger hinziehen wird, der Empfang des veranlassenden Schreibens mit dem Beifügen zu bestätigen, daß weitere Mitteilung vorbehalten bleibt. Noch besser ist es natürlich, wenn der Zwischenbescheid bei aller Vorsicht doch schon etwas Sachliches enthält.

§ 41 Abs. IV empfiehlt auf ein Mahnschreiben, wenn nicht alsbald sachlich geantwortet werden kann, wenigstens mitzuteilen, bis wann die Antwort zu erwarten ist.

§ 37.

Vordrucke. Stempel.

I Bei der Bearbeitung ist von allen arbeitsfördernden und Zeit sowie Kosten sparenden Mitteln Gebrauch zu machen.

II Für häufig wiederkehrende Schriftstücke sind, soweit als möglich, zu Entwürfen, Ur- und Reinschriften Vordrucke, gegebenenfalls Durchschreibvordrucke, oder Stempel zu verwenden. Bei Bedarf werden von den Staatsministerien Einheitsvordrucke ausgearbeitet und den Behörden bekanntgegeben. Die für ihre besonderen Bedürfnisse benötigten Vordrucke haben die Behörden selbst abzufassen. Wo durch Stempel Vereinfachungen erzielt werden können, regen die Beamten bei der Behörde ihre Beschaffung an.

1. Vgl. Bem. 1 zu § 18 (Mechanisierung des Dienstbetriebs).

Vordrucke sollen in allen Fällen verwendet werden, in denen sich die gleiche oder ähnliche schriftliche Amtsverrichtung häufig wiederholt. Von den Vordrucken ist besonders im innerdienstlichen Verkehr Gebrauch zu machen, soweit als möglich aber auch im Verkehr mit der Bevölkerung.

Gut abgefaßte Vordrucke dienen vielfach auch als Wegweiser für die Sachbehandlung einer Angelegenheit, schließen Fehler, Unterlassungen und Versehen aus.

2. Als Ur- oder Reinschrift dienende Vordrucke tragen häufig an Stelle der Unterschrift nur das aufgedruckte Amtssiegel.

3. Einheitsvordrucke werden von den Staatsministerien in der Regel unter Zuziehung von erfahrenen Beamten der Vollzugsbehörden ausgearbeitet und den Behörden bekanntgegeben, insbesonders im Zusammenhang mit der Erlassung neuer Gesetze oder sonstiger Vorschriften. Sie erleichtern den Dienstbetrieb und dienen zu seiner Vereinheitlichung. Sie erschöpfen aber keineswegs den Bedarf der Behörden an Vordrucken. Die für die besonderen Bedürfnisse notwendigen Vordrucke fassen die Behörden selbständig ab.

4. In Frage kommen auch Unterschrifts- (Namensstempel, auch „Faksimilestempel" genannt). Sie werden im § 45 besonders behandelt

Verwendung der Kurzschrift und der Schreibmaschine. Abdrucke.

§ 38.

I Die Entwürfe sollen in der Regel den Schreibkräften kurzschriftlich übergeben oder in die Kurzschrift oder in die Schreibmaschine diktiert werden.

II Werden Entwürfe vom Sachbearbeiter selbst mit der Schreibmaschine hergestellt oder in die Schreibmaschine diktiert oder werden sie aus der Kurzschrift in Maschinenschrift übertragen, so sollen, wenn größere Änderungen nicht zu erwarten sind, gleichzeitig auch die Reinschriften und die erforderlichen Abdrucke angefertigt werden.

III Es ist stets Verfügung zu treffen, daß eine ausreichende Zahl von Abdrucken für die Dienstschreiben an andere, insbesondere an untergeordnete Behörden, zur Verständigung von Parteien, von weiteren Behörden usw. sowie zur Einlegung in die Akten bereitgestellt werden.

IV Von eiligen Fällen und umfangreicheren Arbeiten abgesehen, sind Schreibkräfte erst dann zum Diktat heranzuziehen, wenn sich mehrere Sachen angesammelt haben. Der Stoff muß so vorbereitet sein, daß kein Aufenthalt im Diktieren eintritt.

1. Die Verwendung der Kurzschrift und der Schreibmaschine wird mit Recht zusammen behandelt, weil ihre Verbindung gerade die größte Geschäftsvereinfachung und -beschleunigung ermöglicht. Gerade hieran scheint es aber bei den Behörden noch vielfach zu fehlen, sei es, daß die Schreibkräfte noch nicht durchweg hinreichend ausgebildet und geübt sind, oder daß auch die höheren Beamten der Frage noch nicht immer genügendes Verständnis entgegenbringen, was wieder zur Folge hat, daß die Schreibkräfte nicht entsprechend geschult werden.

§ 38 hebt kein einzelnes Kurzschriftsystem hervor; es erscheint aber angezeigt, daß sich mehr und mehr die Einheitskurzschrift, die in den Schulen ausschließlich gelehrt wird, auch im dienstlichen Verkehr durchsetzt.

2. Abs. I unterscheidet 3 Möglichkeiten:

a) kurzschriftliche Abfassung des Entwurfs durch den Sachbearbeiter selbst und Übergabe der Kurzschrift an die Schreibkraft,

b) Diktat in die Kurzschrift, die dann von der Schreibkraft zu übertragen ist (gewöhnlich in Maschinenschrift),

c) Diktat in die Schreibmaschine.

Nicht mehr erwähnt wird in der ADO. der früher häufigste Fall der Abfassung des Entwurfs in Vollschrift. Er wird mit der fortschreitenden Rationalisierung der Arbeit als der zeitraubendste immer seltener werden.

Die Behandlung nach a empfiehlt sich dann, wenn die Abfassung des Entwurfs größere Überlegung erfordert und schon während der Abfassung mit Korrekturen zu rechnen ist. Sie setzt auf seiten des Sachbearbeiters eine möglichst fehlerfreie, leicht lesbare Kurzschrift und bei der Schreibkraft Gewandtheit im Kurzschriftlesen voraus.

Das Verfahren nach b bringt für den Sachbearbeiter eine größere Zeitersparnis als das nach c, aber für die Schreibkraft stärkere Inanspruchnahme. Trotzdem ist es am meisten zu empfehlen, schon weil die Arbeitskraft und Arbeitszeit des Sachbearbeiters doch die kostbarere ist, mit der am meisten gespart werden muß. Auf dieses Verfahren als das normale weist auch die Bezeichnung „Stenotypistin" hin.

Tatsächlich wird die Behandlung nach c noch die Regel bilden. Sie ist für den Sachbearbeiter vielleicht auch weniger aufreibend. Nötigenfalls kann das Diktat in die Schreibmaschine auch an Hand von Kurzschriftnotizen erfolgen.

In den Fällen a und b wird die Kurzschrift regelmäßig in Vollschrift zu übertragen sein, ehe der Entwurf dem vielbeschäftigten Abteilungsleiter oder Amtsvorstand vorgelegt wird. Er kann sich in der Regel nicht mit der Entzifferung der Kurzschrift abgeben.

In den Fällen, in denen ausnahmsweise die Reinschrift ohne vorherige Übertragung aus der Kurzschrift angefertigt wird, ist nachträglich ein Durchschlag der Reinschrift als Ersatz für den fehlenden Vollschriftentwurf zu den Akten zu nehmen.

3. Wo es die Verhältnisse erlauben, empfiehlt sich die Einrichtung von Diktierzimmern. Bei größeren Behörden kommen auch Diktierstellen mit Diktierleitungen in Frage. Die Oberpostdirektionen und das Reichspostministerium sollen hiermit gute Erfahrungen gemacht haben. Es wird an Zeit gespart und eine gleichmäßige Beschäftigung der Schreibkräfte erzielt. Der Sachbearbeiter braucht sein Amtszimmer nicht zu verlassen und hat beim Diktat alle Unterlagen zur Verfügung. Der gleiche Vorteil wird dann erzielt, wenn im Fall b der Bem. 2 die Schreibkraft in das Arbeitszimmer gerufen werden kann.

4. An die in Bem. 2 behandelten Möglichkeiten reiht Abs. II noch einen vierten, besonders erwünschten Fall, die Herstellung der Entwürfe durch den Sachbearbeiter selbst mit der Schreibmaschine.

5. Hinsichtlich der Anschaffung und der Behandlung von Schreibmaschinen s. § 18 und die Ausführungen zu diesem Paragraphen.

6. In allen Fällen, in denen Entwürfe mit der Schreibmaschine hergestellt oder in Maschinenschrift übertragen werden, sind gleichzeitig, wenn größere Änderungen nicht zu erwarten sind, auch die Reinschriften und die erforderlichen Abdrucke (Durchschläge) anzufertigen. (Vgl. hierzu Bem. 2

zu § 44). Gerade in der Möglichkeit der gleichzeitigen Herstellung aller benötigten Ausfertigungen mit dem Entwurf in einem Arbeitsgang liegt ein besonderer Vorzug der Verwendung der Schreibmaschine. Auf ihn darf auch nicht aus übergroßer Ängstlichkeit verzichtet werden. Wenn es notwendig werden sollte, können, wie die Gemeinsame Geschäftsordnung für die höheren Reichsbehörden im § 27 Abs. (2) ausführt, bei weniger wichtigem Schreiben auch kleine handschriftliche Änderungen in der Reinschrift hingenommen werden.

Die Zahl der Abdrucke ist nach Abs. III stets ausreichend zu bemessen. Wenn möglich, ist schon aus Vorsicht lieber noch ein kleiner Vorrat von Abdrucken zurückzulegen.

7. Abs. IV gilt in gleicher Weise für das Diktat in die Kurzschrift wie in die Schreibmaschine.

8. Wegen der Verwendung der Kurzschrift zur Herstellung von Niederschriften s. Bem. 2 zu § 30.

9. Über die Verpflichtung der Beamten und Angestellten zur Erlernung der Einheitskurzschrift bestimmte die Bekanntmachung sämtlicher Staatsministerien vom 15. Juli 1925 (StAnz. Nr. 161) folgendes:

1. Staatsdienstanwärter, die nach dem 1. Juni 1925 ihre erste etatmäßige Anstellung in der Besoldungsgruppe IV oder in einer höheren Besoldungsgruppe, — im Kanzleidienst in der Besoldungsgruppe III — oder in einer höheren Besoldungsgruppe — finden wollen, müssen spätestens am 1. April 1926 oder, wenn sie nach dem 1. Oktober 1925 in den Vorbereitungs- oder Probedienst treten, spätestens 6 Monate nach ihrem Eintritte die Kenntnis der Einheitskurzschrift besitzen.

Versorgungsanwärter werden zur Anstellung im Kanzlei- oder Verwaltungsdienst nur vorgemerkt, wenn sie die Kenntnis der Gabelsberger Kurzschrift oder der Einheitskurzschrift besitzen; vom 1. April 1926 an wird die Kenntnis des letzteren Systems gefordert.

2. Die am 1. Juni 1925 vorhandenen Beamten, die ihre erste etatmäßige Anstellung in der Besoldungsgruppe IV oder in einer höheren Besoldungsgruppe, — im Kanzleidienst in der Besoldungsgruppe III oder in einer höheren Besoldungsgruppe — gefunden haben, müssen sich, soweit sie an diesem Tage das 35. Lebensjahr noch nicht vollendet haben, spätestens bis zum 1. April 1926 die Kenntnis der Einheitskurzschrift aneignen. Den übrigen Beamten wird deren Erlernung dringend empfohlen.

3. Die Angestellten müssen vom 1. April 1926 an die Kenntnis der Einheitskurzschrift besitzen.

4. Die Ministerien und — auf Grund etwaiger Ermächtigung — die ihnen nachgeordneten Stellen und Behörden können Ausnahmen und Erleichterungen von den Vorschriften in Ziffer 1—3 zulassen. Sie können insbesondere Gruppen von Beamten und Angestellten, die nicht oder nur wenig zu schreiben oder in Kurzschrift Geschriebenes zu lesen haben, von der Erlernung der Einheitskurzschrift befreien. Auf die Kriegsbeschädigten ist hierbei angemessene Rücksicht zu nehmen.

5. Soweit es die dienstlichen Bedürfnisse erfordern, bleibt es den Ministerien oder den von ihnen ermächtigten nachgeordneten Behörden unbenommen, weitergehende Anforderungen an die Beamten und Angestellten ihres Geschäftsbereiches, insbesondere für Neuanstellungen im Kanzleidienst, zu stellen.

6. Unter „Kenntnis der Einheitskurzschrift" ist vorläufig, vorbehaltlich weitergehender künftiger Anforderungen, die Fähigkeit zu verstehen, in der Einheitskurzschrift gut leserlich zu schreiben und in dieser Kurzschrift Geschriebenes zu lesen; eine bestimmte Schreibgeschwindigkeit wird zunächst nicht gefordert.

7. Die Behörden haben die Bestrebungen der Beamten und Angestellten, die Einheitskurzschrift zu erlernen, möglichst zu fördern; insbesondere ist den Beamten und Angestellten der Besuch von Kursen auch während der Dienstzeit zu ermöglichen, soweit dienstliche Bedürfnisse darunter nicht leiden.

Fassung der Dienstschreiben. Abkürzungen.

§ 39.

I Auf klare, gedrängte und dem Empfänger leicht verständliche Darstellung in einwandfreier, einfacher Sprache ist besonderer Wert zu legen. Entbehrliche Fremdwörter und veraltete Kanzleiausdrücke sind zu vermeiden. Die Schreibweise richtet sich nach den amtlichen Regeln für die deutsche Rechtschreibung.

II Abkürzungen dürfen in den Entwürfen nur angewendet werden, wenn sie für die einzelnen Arbeitsgebiete üblich und für die Kanzlei ohne weiteres verständlich sind. Die Anlage 3 enthält eine Zusammenstellung solcher Abkürzungen. Anlage 3.

III Höflichkeitswendungen sind möglichst einzuschränken, Unterwürfigkeitsformeln zu unterlassen; bei den Anschriften an Beamte und Privatpersonen ist in der Regel nur die Bezeichnung „Herr", „Frau", „Fräulein", im Text die Anrede „Sie" zu gebrauchen.

IV Schreiben und Randschreiben ergehen in der Form des Ersuchens, Entschließungen, Verfügungen, Randentschließungen und Randverfügungen regelmäßig in der des Auftrags.

V Ein etwaiger Antrag ist äußerlich hervorzuheben und möglichst an den Beginn oder an den Schluß des Textes zu stellen.

1. § 39 Abs. I gibt (in Anlehnung an die einschlägigen Bestimmungen der Gemeinsamen Geschäftsordnung für die Staatsministerien) einige allgemeine Weisungen über die Fassung der Dienstschreiben.

Die Darstellung hat kurz und klar zu sein. Sie muß auf den Bildungsgrad des Empfängers Rücksicht nehmen, auf jeden Fall leicht verständlich sein. Die Sprache soll einwandfrei und einfach sein. Jedes sog. Juristen- oder Kanzleideutsch ist zu vermeiden. Maßgebend hat der allgemeine Sprachgebrauch zu sein. Wenn damit auch nicht eine förmliche Sprachreinigungswut entfesselt werden will, wird doch die Vermeidung entbehrlicher Fremdwörter angeordnet.

Wertvolle Anhaltspunkte für eine gute deutsche Amtssprache bieten von den Verdeutschungsbüchern des Allgemeinen Deutschen Sprachvereins

Bruns, Die Amtssprache, ferner Bloch-Rohr, Das reine Amtsdeutsch und insbes. die „Fingerzeige für die Gesetzes- und Amtssprache", herausgegeben vom Reichsministerium des Innern in Verbindung mit dem Reichsarbeitsministerium und unter Mitwirkung des Deutschen Sprachvereins, Berlin 1930, Reichsverlagsamt.

2. Selbstverständlich hat sich die Schreibweise nach den Regeln für die deutsche Rechtschreibung zu richten.

3. Das Bestreben nach möglichst gedrängter Fassung legt die Verwendung von Abkürzungen nahe. Sie dürfen aber nur angewendet werden, wenn nicht das Verständnis darunter leidet. Im inneren Verkehr der Staatsbehörden, insbes. in den Entwürfen, sind Abkürzungen grundsätzlich zulässig, wenn sie auf den einzelnen Arbeitsgebieten üblich und für die Kanzlei ohne weiteres verständlich sind. Ein der Allgemeinen Dienstordnung als Anlage 3 beigegebenes längeres Abkürzungsverzeichnis bemüht sich solche allgemein üblichen Abkürzungen festzulegen und, wo sie zur Zeit noch fehlen, zu ihrer Bildung beizutragen.

In Reinschriften dürfen nach § 44 Abs. III Abkürzungen nur verwendet werden, wenn sie allgemein üblich und ohne weiteres verständlich sind oder wenn die Bedeutung einer Abkürzung beim erstmaligen Vorkommen der Abkürzung in dem Schriftstück durch Beifügung des ungekürzten Worts erläutert wird.

4. Dem Abkürzungsverzeichnis der Anlage 3 liegen die Vorschläge des Deutschen Juristentags für die Art der Anführung von Rechtsquellen, Entscheidungen und wissenschaftlichen Werken in der zweiten Ausgabe 1910 und ihre Neubearbeitung durch Maas-Magnus, Abkürzungsverzeichnis der Rechtssprache, 1929, zugrunde. Mit herangezogen sind aber auch die in den bekanntesten bayerischen Handbüchern von Dr v. Krais-v. Henle (Handbuch der inneren Verwaltung für Bayern rechts des Rheins), Dr Kollmann, Vorschriftensammlung und Bucherts Sammlung in der Praxis oft angewandter Verwaltungsgesetze und Verordnungen für Bayern, neubearbeitet von Dr Ziegler, gebrauchten Abkürzungen.

Wie in den Vorschlägen des Deutschen Juristentags sind dem Abkürzungsverzeichnis einige allgemeine Regeln als Vorbemerkungen vorausgeschickt. Sie beginnen mit dem Grundsatz, daß bei der Anführung allgemein bekannter Gesetze, Verordnung usw. (z. B. des BGB., des PStGB.) der Tag der Erlassung und der Fundort gewöhnlich nicht angegeben wird. Wenn die Angabe des Tags und des Fundorts angezeigt ist, so braucht der Jahrgang des Fundorts (des Gesetzblattes, Amtsblattes usw.) nur dann angeführt zu werden, wenn er von der Jahreszahl der Rechtsquelle verschieden ist. Als Beispiel wird das Gesetz über die Einführung bayerischer Gesetze in den vormals coburgischen Landesteilen vom 10. Dezember 1921 angeführt, das erst im Gesetz- und Verordnungsblatt 1922 (S. 7) veröffentlicht worden ist.

Das Aktenzeichen soll bei Gesetzen, Verordnungen usw. angegeben werden, wenn es zur Vermeidung von Verwechslungen geboten ist. Die Angabe wird häufig dann zweckmäßig sein, wenn die in Frage stehende Vorschrift nicht veröffentlicht worden ist.

Für die Anführung von Rechtsquellen wird der Grundsatz aufgestellt, daß nach Jahrgang und Seiten- (allenfalls Spalten-)zahl angeführt wird. Bei Entscheidungssammlungen wird die Bandzahl und die Seite (nicht die Nummer der Entscheidung) angegeben. Zeitschriften werden, wenn sich Jahrgang der Zeitschrift und Kalenderjahr decken, nach Jahrgang und Seite, sonst nach Bandzahl und Seite angezogen. Vgl. hierüber die zahlreichen Beispiele in den Vorbemerkungen zum Abkürzungsverzeichnis.

Zu beachten ist sonst noch, daß ein Gesetz usw. grundsätzlich als Ganzes nur nach seiner ersten Seite angegeben wird.

Die Allgemeine Dienstordnung hat sich auch (in einer stark umstrittenen Frage) dafür entschieden, daß die Gesetzesabkürzung der Bezeichnung des Paragraphen oder Artikels nachgestellt wird, z. B. § 276 BGB., nicht BGB. § 276.

Trennungszeichen (Kommata, Punkte) werden innerhalb einer zusammengesetzten Abkürzung nicht verwendet. Bei Gesetzesbezeichnungen, Entscheidungssammlungen, Bezeichnung von Zeitschriften, von Behörden usw. wird nur an den Schluß der Abkürzung ein Punkt gesetzt, z. B. BGB., AR., SeuffArch., AuswA., BAH., ArchBürgR.; dagegen z. B.: a. a. O., i. A., i. V. Abweichend von den Vorschlägen des Deutschen Juristentags soll dies (in Übereinstimmung mit Maas-Magnus) auch dann gelten, wenn zwei Abkürzungen zusammentreffen, z. B. AG BGB.

Von den Vorschlägen des Deutschen Juristentags ist auch nicht übernommen, bei Jahreszahlen in Daten und zur Bezeichnung von Jahrgängen nur die beiden Schlußziffern zu schreiben, z. B.: 06 statt 1906 (damit ist doch recht wenig gespart) und z. B. ohne Punkt zu schreiben: 12 XII 09 statt 12. Dez. 1909.

Bei der Bildung der Abkürzungen wurde bei Gesetzes-, Organisations-, Amtsbezeichnungen usw., die zwar nur aus einem, aber einem zusammengesetzten Wort bestehen, grundsätzlich dieses Wort in seine Bestandteile zerlegt und die Abkürzung aus deren Anfangsbuchstaben oder Anfangssilben gebildet, z. B.: AVG. = Angestelltenversicherungsgesetz, BauO. = Bauordnung, KK. = Krankenkasse, OPD. = Oberpostdirektion.

Bei der Anführung von Reichsgesetzen wird die Silbe „Reichs", wo sie entbehrt werden kann, fortgelassen, z. B. GewO. = Gewerbeordnung für das Deutsche Reich, StGB. = Reichsstrafgesetzbuch, StPO. = Reichsstrafprozeßordnung; aber z. B.: RStAG. = Reichs- und Staatsangehörigkeitsgesetz.

Hervorzuheben ist noch, daß für Gesetz nur die Abkürzung G. (nicht: Ges.) und für Verordnung die Abkürzung V. (nicht: VO.) gebraucht werden soll.

„Bekanntmachung" wird für sich allein „Bek." abgekürzt, in der Zusammensetzung aber MB. = Ministerialbekanntmachung.

5. Abs. III empfiehlt möglichste Einschränkung der bloßen Höflichkeitswendungen und ordnet die Unterlassung aller Unterwürfigkeitsformeln an. Es bedarf nicht der Beisetzung des überflüssigen Worts „gefällig", es braucht nicht in Eilsachen um „baldgefällige" Antwort ersucht zu werden. Unter allen Umständen zu vermeiden sind doppelte und mehrfache Höflichkeitswendungen, wie „Ich bitte gefälligst verfügen zu wollen ...", statt: „ich ersuche zu verfügen".

Auszuscheiden haben „ergebenst", „ganz ergeben", „sehr ergeben", „gehorsamst", „untertänigst" usw., alle Byzantinismen, an denen der deutsche Sprachgebrauch leider nur zu reich ist.

Der Empfänger wird grundsätzlich mit „Sie", „Ihrer", „Ihnen" angesprochen, in der Anschrift mit „Herr", „Frau", „Fräulein" bezeichnet, nicht mit „Seiner, Euer Hochwohlgeboren" usw. Vgl. auch die Bem. 3 zu § 31.

6. Zu Abs. IV vgl. § 33 Abs. I und II und die Bemerkungen zu diesen Bestimmungen.

7. Die Vorschrift, daß ein etwaiger Antrag äußerlich hervorzuheben und möglichst an den Beginn oder an den Schluß des Textes zu stellen ist, fand sich schon im § 6 Abs. III der MB. über die Vereinfachung des dienstlichen Verkehrs vom 28. April 1901, wird aber nicht immer entsprechend beachtet. Die Hervorhebung des Antrags erleichtert das rasche Verständnis eines Schriftstücks und schützt davor, daß Entscheidendes übersehen wird.

Form der Entwürfe.

§ 40.

In formeller Beziehung ist zu beachten:

1. Der Entwurf muß ersehen lassen
   a) das Akten- oder Geschäftszeichen des dadurch erledigten Eingangs und, wenn durch das Schriftstück mehrere Eingänge erledigt werden, die Akten- oder Geschäftszeichen sämtlicher Eingänge nach zeitlicher Reihenfolge. Das jüngste wird unterstrichen an letzter Stelle angeführt; es gilt für die abgehende Reinschrift als Akten- oder Geschäftszeichen. Wird durch den Entwurf kein Eingang erledigt, so ist dies nötigenfalls durch den Zusatz „o. V." (ohne Vorgang) zu kennzeichnen;
   b) Ort und Tag;
   c) die Anschrift. In Schriftstücken an Vorstände von Behörden sowie an einzelne Beamte (z. B. Bezirksärzte) ist in der Anschrift der Name des Beamten nur dann anzugeben, wenn es sich um seine persönlichen Angelegenheiten handelt oder besondere Verhältnisse es erfordern. Bei einer Mehrheit von Anschriften ist im Entwurf kenntlich zu machen, ob die Reinschrift mit Sammel- oder Einzelanschrift auszufertigen ist;
   d) den behandelten Gegenstand in Stichworten (Betreff: .....) und zwar bei Berichten, Entschließungen, Verfügungen und Schreiben stets, bei urschriftlich auslaufenden Dienstschreiben dann, wenn sie auf einem neuen Bogen ergehen (Anlage 4, Muster 2—4, 5 b, 6 und 7). Der Betreff ist zwar möglichst kurz und schlagwortartig, aber doch tunlichst genau zu fassen;

   Anlage 4, Muster 2—4, 5 b, 6 u. 7.

   e) den veranlassenden Eingang, wenn ein solcher vorliegt,

nach Zeitangabe, Akten- oder Geschäftszeichen, gegebenenfalls nach Fundort z. B. GVBl. S. .... (vgl. Ziff. 4 und die Vorbemerkungen zur Anlage 4). Die Anführung des veranlassenden Eingangs im Text ist tunlichst zu vermeiden;

f) die Beilagen, insbesondere auch zurückgehende Akten nach Zahl und Art; sie sind so genau zu bezeichnen, nötigenfalls durch Zeichen, daß Zweifel nicht entstehen können. Soweit sie wieder benötigt sind, wird der Zusatz „g. R." (gegen Rückgabe) beigefügt. Wenn Fragebogen übersandt werden, ist möglichst ein zweites Stück für den Empfänger beizufügen;

g) die Unterschrift des Entwurfsbearbeiters.

2. Auf den Entwurf können Vermerke wie „Geheim", „Vertraulich", „Persönlich", „Sofort", „Eilt" gesetzt werden. Sollen solche Vermerke in die Reinschrift aufgenommen werden, so ist dies im Entwurf anzugeben.

3. Schriftstücke, die mehr als ein Blatt umfassen, sind fortlaufend zu beziffern.

4. Bei der Anführung von Rechtsquellen sind die Vorbemerkungen zur Anlage 3 zu beachten. Anlage 3.

5. Die Verfügungen, die im Zusammenhang mit der sachlichen Erledigung zu treffen sind, z. B. die Gebühren- und Kostenbehandlung, die Fertigung von Urkunden, von Abdrucken für die Akten und von Auszügen, die Anordnung von Vormerkungen, Abgabenachrichten u. ä. sind mit eigener Ziffer und zwar bei Randschriftstücken vor, bei den übrigen nach dem sachlichen Inhalt vorzutragen (Anlage 4, Muster 5 b). Insbesondere ist zu prüfen, ob Gebühren- und Stempelpflicht besteht; Gebühren und Stempel sind vom Referenten ziffermäßig anzusetzen. Anlage 4, Muster 5 b.

6. Bei Schriftstücken, zu denen noch weiteres veranlaßt ist, namentlich bei solchen, deren Vollzug überwacht werden muß, ist dafür zu sorgen, daß sie dem Referenten rechtzeitig wieder zukommen. Zu diesem Zweck sind sie, und zwar Entwürfe an letzter Stelle, mit dem Vermerk „W.V. ....." (Wiedervorlegen und Angabe der Frist, nach deren Ablauf die Wiedervorlage erfolgen soll), Randschriftstücke unter der Fertigung mit dem Vermerk „T.V. ....."

Anlage 4, Muster 5c. (Termin vormerken und Angabe der Frist) zu versehen (Anlage 4, Muster 5 c).

7. Die Entwürfe müssen so gefaßt sein, daß sie in der Kanzlei ohne weiteres abgeschrieben werden können. Ist die Reinschrift besonders schwierig, so empfiehlt es sich, auf dem Entwurf beizufügen: „Reinschrift dem Referenten zur Durchsicht!"

1. Die Allgemeine Dienstordnung geht von der Form der Entwürfe aus, während im § 5 der MB. über die Vereinfachung des dienstlichen Verkehrs vom 28. April 1901 die Form der Reinschrift geregelt wurde. Im praktischen Ergebnis treten keine wesentlichen Unterschiede ein, doch ermöglicht das von der ADO. gewählte Verfahren, dem Sachbearbeiter und der Kanzlei mehr Anhaltspunkte zu geben, als in den bisherigen Vorschriften zu finden waren.

Mehr als Worte erläutern die Form der Entwürfe die in der Anlage 4, Muster 2—4, 5 b, 6 und 7 aufgezeigten Beispiele.

2. Statt vom „Akten- oder Geschäftszeichen" wurde bisher von der „Geschäftsnummer" gesprochen. Wurde durch den Entwurf kein Eingang erledigt, so brachte man in der Regel durch die Bezeichnung „e. o." (ex officio) der Kanzlei und der Registratur zur Kenntnis, daß das Schriftstück eine neue Geschäftsnummer zu erhalten habe. „E. o." wird nun als veralteter, dazu undeutscher Kanzleiausdruck im Sinn des § 39 Abs. I Satz 2 aufgegeben und durch die Bezeichnung „o. V." (ohne Vorgang) ersetzt.

3. Zu Ziff. 1, c Schlußsatz ist zu bemerken, daß sich bei manchen Behörden schon der Gebrauch eingebürgert hat, einfach zu verfügen: „d. U." (durch Unterstreichen) oder „einzeln" (Einzelanschrift). Im ersteren Fall erscheinen auf den Reinschriften die sämtlichen Anschriften und wird nur jeweils eine davon unterstrichen, um zu besagen, daß die fragliche Reinschrift dieser Behörde oder Persönlichkeit zuzustellen ist. Im andern Fall lautet die einzelne Reinschrift nur auf einen Empfänger; es werden aber mehrere im Text gleichlautende Reinschriften hergestellt, bei denen nur die Anschrift verschieden ist.

4. Zu Ziff. 1, d: Die Reichsbehörden und die Behörden einzelner Länder schreiben nicht mehr „Betreff:", sondern „betrifft ...". In der Sache besteht deshalb kein Unterschied.

5. Der Betreff ist (ebenso wie die Anschrift) im Text des Schriftstücks nicht zu wiederholen. Man darf voraussetzen, daß der Leser des Schriftstücks den Betreff gelesen hat und sich seiner erinnert. Daß auch der veranlassende Eingang im Text nicht wiederholt werden soll, ist in Ziff. 1, e ausdrücklich bestimmt.

6. Ziff. 1, f bezweckt, was sich auch aus Ziff. 7 ergibt, möglichst jeden Zweifel darüber auszuschließen, was versandt werden soll. Es soll nicht notwendig werden, daß sich der mit dem Versand beschäftigte Beamte erst beim Sachbearbeiter erkundigen muß, was er der abzusendenden Reinschrift beizulegen hat. Wenn als Beilagen Abschriften des Einlaufs oder anderer Schriftstücke versandt werden sollen, die nicht oder nicht in genügender Zahl vorhanden sind, so empfiehlt es sich zu bemerken, ob und in wieviel Stücken sie von der Kanzlei vervielfältigt werden sollen, oder ob sie etwa noch von der Stelle, von der sie ausgegangen sind, in weiteren Stücken erholt werden können.

7. Wegen der sparsamen Verwendung der Beschleunigungsvermerke vgl. § 36 Abs. I. Soll das Schriftstück nur vom Empfänger selbst geöffnet werden, so ist der Vermerk „persönlich" auf dem Briefumschlag anzubringen. Geheimsachen sind in zwei Briefumschlägen zu versenden; der innere ist mit „geheim" zu bezeichnen. Er ist außerdem mit Siegelmarke zu verschließen oder zu versiegeln (§ 46 Abs. II). So gesichert kann er nach § 47 Abs. V auch einer größeren Sendung an den nämlichen Empfänger beigelegt werden.

8. Nach Ziff. 2 Satz 2 schreibt man z. B. auf den Entwurf: „Mit vertraulich zu bezeichnen" oder „mit eilt zu bezeichnen". Es besteht die Übung, die Vermerke „eilt" und „sofort" oder „mit eilt, mit sofort zu bezeichnen" mit Rotstift oder roter Tinte zu schreiben oder wenigstens zu unterstreichen. Womöglich werden die Eilsachen auch in einen besonderen (roten) Umschlag eingelegt.

9. Zu Ziff. 4 vgl. Bem. 4 zu § 39.

10. Nach Ziff. 5 würde z. B. ein Entwurf der Regierung von Niederbayern und der Oberpfalz, Kammer des Innern, folgendermaßen lauten:

Nr. VII 17832, 17915. Regensburg, 1. November 1933.

I. An
die Firma Emanuel Hauschmid,
Textilwarenhandlung,
in Regensburg 3
Theodolindenstr. 15.

Betreff:
Errichtung eines Einheitspreisgeschäfts.

Zum Gesuch vom 18. Okt. 1933.

Beilagen:
Die des Gesuchs.

Gebühr: 20 RM.
Zuschlag: 4 RM.
zusammen: 24 RM.

II

Nach den Erhebungen liegen besondere Verhältnisse, die die Gewährung einer Ausnahme nach § 1 Satz 3 des Dritten Teils der Verordnung des Reichspräsidenten zum Schutze der Wirtschaft vom 9. März 1932 (RGBl. I S. 121) in der Fassung der Verordnung des Reichspräsidenten über Wirtschaft und Finanzen vom 23. Dezember 1932 (RGBl. I S. 571) rechtfertigen würden, nicht vor. Ihrem Gesuch kann deshalb nicht entsprochen werden.

Für diese Entschließung wird eine Gebühr von 20 RM. und ein Zuschlag von 4 RM. nach dem Gesetz vom 24. Juni 1930 (GVBl. S. 203) angesetzt.

II. Abdruck von I an die Industrie- und Handelskammer Regensburg zum Schreiben vom 25. Oktober 1933 Dr Z./K. 18376.

III. An das Taxamt.

IV. Z. A.

J. V.

Kumpfberger.

In diesem Entwurf ist zugleich ein Fall entsprechend § 42 Abs. II behandelt. Der nach Ziff. II an die Industrie- und Handelskammer Regensburg zu sendende Abdruck wird an Stelle einer Unterschrift nur mit dem Amtssiegel zu versehen sein.

Ein Beispiel eines Randschriftstücks, in dem eine interne Verfügung der Randentschließung vorangeht, bietet Anlage 4, Muster 5 b.

11. Die Gebühren- und Stempelpflicht richtet sich nach dem Kosten- und dem Stempelgesetz vom 16. Febr. 1921 (GVBl. S. 134 u. 182) mit den zu diesen Gesetzen ergangenen Änderungen (vgl. Kollmann, Vorschriftensammlung).

Nach dem Gesetz vom 24. Juni 1930 über die Erhebung eines Zuschlags zu den Gebühren und Stempeln nach dem Kosten- und dem Gebührengesetz vom 16. Februar 1921 (GVBl. S. 203) wird zu den Gebühren und Stempelabgaben ein Zuschlag von 20 v. H. erhoben.

12. Wegen des Vermerks „T. V. . . .“ (Termin vormerken! und Angabe der Frist) vgl. Bem. 4 zu § 33, wegen der Verwendung von Abkürzungen in den Entwürfen § 39 Abs. II und Bem. 3 zu diesem Paragraphen.

Der Vermerk „Reinschrift dem Referenten zur Durchsicht“ wird vor allem dann erforderlich sein, wenn die Reinschrift unmittelbar nach einer Kurzschrift hergestellt worden ist.

Wegen des Vermerks „GDS.“ (Gebührenpflichtige Dienstsache) s. § 49 Abs. III Schlußsatz.

Vollzugsberichte. Fristen. Termine. Mahnschreiben.

§ 41.

I Die Anordnung von Vollzugsberichten, Empfangsbestätigungen und Fehlanzeigen ist möglichst zu vermeiden.

II Fristen für die Erledigung von Aufträgen und für Terminvormerkungen sind so zu bemessen, daß sie bei ordnungsmäßigem Geschäftsgang ausreichen.

Anlage 4, allgemeine Vordrucke aa u. bb.

III Für Erinnerungs- und Mahnschreiben sind in der Regel einfache Vordrucke zu verwenden (Anlage 4, allgemeine Vordrucke aa und bb). Vor der Absendung ist festzustellen, ob nicht das ausstehende Schriftstück inzwischen eingelaufen ist. Unnötige Mahnschreiben sind zu unterlassen.

IV Kann auf ein Mahnschreiben nicht alsbald sachlich geantwortet werden, so empfiehlt es sich, mitzuteilen, bis wann die Antwort zu erwarten ist.

V Termine für wiederkehrende Vorlagen sind nach Möglichkeit so zu verteilen, daß sie sich nicht zu bestimmten Zeiten, insbesondere um den Jahresschluß, zu sehr häufen.

1. Zur Vermeidung nicht unbedingt notwendiger Arbeit wird im Abs. I, ähnlich wie schon im § 8 Abs. II der MB. über die Vereinfachung des dienstlichen Verkehrs vom 28. April 1901, vorgeschrieben, die Anordnung von Vollzugsberichten, Empfangsbestätigungen und Fehlanzeigen möglichst zu vermeiden.

Abs. II u. V entsprechen dem § 12 der MB. vom 28. April 1901.

2. Für Erinnerungs- und Mahnschreiben sind in der Anlage 4 in den allgemeinen Vordrucken aa und bb einfache Muster aufgestellt. In der Regel genügt ein Postkartenvordruck. (Vgl. § 15 Abs. V und § 37 Abs. II.)

3. Zur Erleichterung des Dienstbetriebs für Gruppen von Behörden, die gleichzeitig und gleichmäßig bestimmte Geschäfte zu erledigen haben, dient die Herausgabe von Geschäftsmappen. Im Bereich der inneren Verwaltung sind solche für die Bezirksämter und für die Gemeinden eingeführt. Sie erinnern nicht nur monatlich an die wiederkehrenden Termine, sondern weisen auch kurz auf die jeweils für die Bearbeitung der Angelegenheiten maßgebenden Vorschriften hin und bringen zugleich Entwürfe für Ausschreibungen, Verfügungen und Berichte. Dadurch wird erreicht, daß nicht die gleiche Arbeit von allen in Betracht kommenden Behörden einzeln geleistet zu werden braucht.

Versendung mit Begleitblatt und von Durchschlägen.

§ 42.

I Sind Schriftstücke (z. B. Verzeichnisse) oder Akten ohne Mitteilungen zu versenden, so ist die Versendung mit Begleitblatt zu verfügen. Die Versendung erfolgt nach Anlage 4, Muster 7. *Anlage 4, Muster 7.*

II In vielen Fällen, auch dann, wenn eine andere Behörde über eine getroffene Maßnahme nur in Kenntnis zu setzen ist, genügt die Übersendung eines Durchschlags unter Beidruck des Amtssiegels auf dem Durchschlag. Der veranlassende Eingang (§ 40 Ziff. 1 e) ist auch in diesem Fall anzugeben.

1. Statt der Bezeichnung „Begleitblatt" wird auch von „Siegelbogen" gesprochen, weil hier, wie auch das Beispiel in Anlage 4, Muster 7 zeigt, das Dienstsiegel an die Stelle der Unterschrift tritt.

Über die Versendung ist in der Regel Vormerkung zum Akt zu machen.

2. Abs. II empfiehlt in geeigneten Fällen, besonders wenn eine andere Behörde über eine getroffene Maßnahme nur in Kenntnis zu setzen ist, die Übersendung eines Durchschlags, auf dem lediglich das Amtssiegel beigedruckt wird; doch wird auch hier der veranlassende Eingang (§ 40 Ziff. 1 e) angegeben, z. B.: „An das Bezirksamt Bergheim zum Bericht vom 20. Juli 1932 Nr. 2716"; darunter das Amtssiegel.

Verfügung zum Akt. Rückgabe von Beilagen. Weglegen.

§ 43.

I Ist auf einen Eingang sachlich nichts zu verfügen, oder ist die Bearbeitung des Eingangs abgeschlossen, so ist in der Regel die Verfügung zu treffen „Z. A." (Zum Akt). Beiliegende Akten anderer Behörden, die nicht oder nicht mehr benötigt werden, sind zurückzugeben. Das gleiche gilt grundsätzlich auch von sonstigen entbehrlichen Beilagen, namentlich auch von Schriftstücken, die von Privaten vorgelegt worden sind.

II Bei Schriftstücken der Behörde von geringerer oder vorübergehender Bedeutung, die nicht notwendig in den Akten verwahrt werden müssen, ist nicht „Z. A." (Zum Akt), sondern „W." (Weglegen) zu verfügen.

Abs. II bringt zur Entlastung der Registraturen die nicht unwichtige Neuerung, daß Schriftstücke von geringerer oder vorübergehender Bedeutung, die nicht notwendig in den Akten verwahrt zu werden brauchen, einfach weggelegt werden können. Dies wird durch den Vermerk „W." verfügt. Die weggelegten Schriftstücke werden nach § 17 als Altpapier verwertet.

C. Reinschriften.

Form der Reinschriften. Abkürzungen.

§ 44.

Anlage 4, Muster 2—4. I Die Reinschriften (Anlage 4, Muster 2—4) enthalten auf der ersten Seite des ersten Blattes den Text nur auf der rechten Hälfte, die weiteren Seiten werden nach ihrer ganzen Breite unter Einhaltung des Heftrands (§ 15 Abs. III) beschrieben.

II Auf den Reinschriften muß die absendende Behörde genau bezeichnet sein. Auf den Berichten ist der Name des Referenten anzugeben. Kopfbogen für Reinschriften mit Vordruck haben auch die Fernsprechnummer, unter der die Behörde zu erreichen ist, in Städten mit mehreren Postanstalten die zuständige Postanstalt, gegebenenfalls das Bank- und Postscheckkonto und die Telegrammadresse zu enthalten.

III Abkürzungen dürfen in Reinschriften nur verwendet werden, wenn sie allgemein üblich und ohne weiteres verständlich sind oder wenn die Bedeutung einer Abkürzung beim erstmaligen Vorkommen der Abkürzung in dem Schriftstück durch Beifügung des ungekürzten Wortes erläutert wird, z. B. JAG. = Jugendamtsgesetz.

1. Nachdem der formelle Inhalt der Schriftstücke schon im § 40 behandelt ist, hat § 44 über die Form der Reinschriften nicht mehr allzuviel zu sagen.

Wie sich schon bisher aus § 5 der MB. vom 28. April 1901 ergab, ist auf der ersten Seite des ersten Blattes rechts oben Ort und Tag anzugeben. Weiter enthält die erste Hälfte des ersten Blattes den fortlaufenden Text. Mit ihm wird in der Höhe des (linksstehenden) Betreffs begonnen. Die folgenden Seiten werden nach ihrer ganzen Breite nur unter Freihaltung des Heftrands (§ 15 Abs. III) beschrieben.

Auf der linken Hälfte der ersten Seite steht oben das Akten- oder Geschäftszeichen (§ 40 Ziff. 1, a). Wenn der Entwurf mehrere Aktenzeichen vereinigte, von denen nach § 40 Ziff. 1, a Satz 2 das jüngste unterstrichen wurde, führt die Reinschrift nur dieses Aktenzeichen.

Unter dem Aktenzeichen steht die Bezeichnung der absendenden Behörde. In der Regel werden „Kopfbogen" verwendet, auf denen diese Bezeichnung und unter ihr die Fernsprechnummer der Behörde, in Städten mit mehreren Postanstalten die zuständige Postanstalt, gegebenenfalls das Bank- und Postscheckkonto der Behörde und ihre etwaige besondere Telegrammadresse schon aufgedruckt ist.

Weiter unten folgt auf der linken Seitenhälfte die Anschrift (§ 40 Ziff. 1, c), darunter der Betreff (§ 40 Ziff. 1, d), dann der veranlassende Eingang (§ 40 Ziff. 1, e), endlich die Bezeichnung der Beilagen (§ 40 Ziff. 1, f), die aber hier nicht ebenso genau bezeichnet zu sein brauchen wie auf dem Entwurf, weil der Empfänger sie ja vor sich sieht.

2. Die Formunterschiede zwischen Entwurf und Reinschrift sind zu beachten, wenn Reinschriften und Abdrucke nach § 38 Abs. II auf der Schreibmaschine gleichzeitig mit den Entwürfen in einem Arbeitsgang hergestellt werden. Besondere Schwierigkeiten erwachsen hieraus aber einigermaßen gewandten Schreibkräften nicht.

3. Nicht zu übersehen ist auch die Vorschrift des Abs. II Satz 2, daß auf der Reinschrift von Berichten (§ 33 Abs. I Ziff. 1) der Name des Referenten anzugeben ist. Vgl. das Beispiel in Anlage 4, Muster 2.

4. Bezüglich der Verwendung von Abkürzungen in Reinschriften s. Bem. 3 zu § 39.

Unterschriftsstempel.

§ 45.

Unterschrifts- (Namens-) stempel können in weitem Umfang gebraucht werden. Sie dürfen jedoch nicht zur Unterzeichnung von Schriftstücken verwendet werden, deren Inhalt für den Bestand von Rechtsverhältnissen erheblich ist z. B. von Entscheidungen, Bescheinigungen, Zahlungsanweisungen und Quittungen. Die Kosten für die Beschaffung von Unterschriftsstempeln können auf verfügbare Mittel für Geschäftsbedürfnisse verrechnet werden. Die Stempel sind so zu verwahren, daß ein Mißbrauch ausgeschlossen ist.

Die Verwendung von Unterschrifts- (Namens-) stempeln (auch „Faksimilestempel" genannt) ist in weitem Umfang gestattet, jedoch nicht zur Unterzeichnung von Schriftstücken, deren Inhalt für den Bestand von Rechtsverhältnissen erheblich ist.

Diese Stempel müssen zur Vermeidung von Mißbrauch besonders sorgfältig verwahrt werden. Dies ordnete schon Ziff. 11 der ME., Geschäftsgang und Geschäftsvereinfachung betr., vom 17. Juni 1911 (unten § 62 Abs. II Ziff. 135) „bei Vermeidung der Haftung des Amtsvorstandes" an.

Briefumschläge.

§ 46.

I Auf den Briefumschlägen ist das linke Drittel der Vorderseite zur Bezeichnung der absendenden Behörde zu verwenden. Auf der Vorderseite soll oben ein etwa 3,5 cm breiter Rand für die Postdienstvermerke freibleiben.

II Soll das Schriftstück nur vom Empfänger selbst geöffnet werden, so ist auf dem Briefumschlag der Vermerk „Persönlich" anzubringen. Geheimsachen sind in zwei Briefumschlägen zu versenden; nur der innere ist mit „Geheim" zu bezeichnen; er ist mit Siegelmarke zu schließen oder zu versiegeln.

III Die Anschriften auf den Briefumschlägen sind möglichst genau zu fassen. Außer der Straße und der Hausnummer ist in den großen Städten auch das Zustellamt anzugeben*).

IV Briefumschläge mit häufig wiederkehrenden Anschriften sind vorgedruckt bereitzuhalten.

1. Abs. I übernimmt eine bisher in der ME. über amtliche Briefumschläge vom 14. Juli 1927 (unten § 62 Abs. II Ziff. 189) getroffene Regelung. Die den Behörden gewährte Aufbrauchsfrist für abweichende Briefumschläge ist längst abgelaufen.

2. Auf § 46 Abs. II ist oben in Bem. 7 zu § 40 Bezug genommen; vgl. auch § 47 Abs. V.

3. Abs. III (genaue Anschrift!) entspricht dem § 44 Abs. II (genaue Bezeichnung der absendenden Behörde!)

4. In der Fußnote zu Abs. III sind die Postanschriften der bayerischen Staatsministerien und ihrer in besonderen Gebäuden untergebrachten Abteilungen zusammengestellt. Vgl. hierzu die Bekanntmachungen der Staatsministerien des Innern und für Landwirtschaft und Arbeit (Abteilung Arbeit) vom 29. März 1932 (StAnz. Nr. 73, MABl. S. 25 u. 33).

5. Die Normformate für Briefhüllen sind in der MB. über die Einführung der Din-Formate im behördlichen Schriftverkehr vom 24. Januar 1931 (StAnz. Nr. 22) auch amtlich bekanntgegeben worden.

Abschnitt D: Post-, Telegramm- und Fernsprechverkehr.

Vorbemerkungen zum Abschnitt D.

(§§ 47—60.)

Auf dem hier in Frage stehenden Gebiet war die Vereinigung und Neufassung des gesamten Vorschriftenstoffs besonders notwendig, weil hier

---

*) Die Postanschriften der bayerischen Staatsministerien lauten:

Staatsministerium des Äußern, für Wirtschaft und Arbeit, des Innern, für Unterricht und Kultus, der Finanzen, München 1, Brieffach;

Staatsministerium der Justiz, München 35.

Die Postanschrift für Sendungen an die Abteilung Arbeit des Staatsministeriums des Äußern lautet:

Staatsministerium des Äußern, für Wirtschaft und Arbeit (Abteilung Arbeit), München, Briennerstr. 50, München 1, Brieffach.

Die Postanschrift für Sendungen an die Abteilung Landwirtschaft des Staatsministeriums des Innern lautet:

Staatsministerium des Innern (Abteilung Landwirtschaft), München 34, Brieffach.

wiederholt das für den behördlichen Verkehr geltende System völlig gewechselt hat, ohne daß mit Erlassung der neuen Vorschriften gleichzeitig jeweils die alten aufgehoben worden wären. Hierzu erscheinen einige Vorbemerkungen angezeigt.

I.

Zunächst wurde auf Grund eines Reichsgesetzes vom 29. Mai 1872 (RGBl. S. 167, GVBl. 1907 S. 1097) für den Verkehr mit den übrigen deutschen Ländern das Gesetz des Norddeutschen Bundes vom 5. Juni 1869 über Portofreiheiten im Gebiete des Norddeutschen Bundes (Bundesgesetzblatt S. 141, GVBl. 1907 S. 1094) auf Bayern ausgedehnt und mit ihm das „Regulativ über die Portofreiheiten".

Innerhalb Bayerns bestanden auf Grund bayerischen Rechts die bisherigen Portofreiheiten weiter. Auch Diensttelegramme waren hiernach gebührenfrei.

II.

Mit Wirkung vom 1. Januar 1908 an wurden aber durch das bayerische Gesetz über die Portofreiheit vom 22. Dezember 1907 (GVBl. S. 1081) die auf bayerischen Gesetzen beruhenden Portofreiheiten aufgehoben. Die Verordnung vom gleichen Tag über die Postportofreiheit und die Vergünstigungen im Telegramm- und Telephonverkehr brachte die Portoablösung durch Entrichtung einer Pauschsumme. Sie ließ nur noch die Grundsätze des norddeutschen Bundesgesetzes vom 5. Juni 1869 auch im innerbayerischen Verkehr gelten, sprach im übrigen aber die Portopflicht aus, erklärte diese jedoch wieder durch Bauschzahlungen der Staatsministerien für ihren Dienstbereich für ablösbar. (Diese bayerische Verordnung vom 22. Dez. 1907 ist erst durch Verordnung des Reichspostministeriums vom 21. Juni 1920 — RGBl. S. 1329 — förmlich aufgehoben worden.)

Die Durchführung der Portoablösung regelte im einzelnen die Bekanntmachung sämtlicher Staatsministerien vom 25. Dez. 1907 über den Vollzug des Gesetzes vom 22. Dez. 1907 und der Allerh. Verordnung vom 22. Dez. 1907 (GVBl. S. 1085).

In den Verzeichnissen I und II zu dieser Vollzugsbekanntmachung wurden die Stellen, Behörden und Organe aufgeführt, die berechtigt waren auf Grund der Portoablösung ohne Entrichtung von Postgebühren Sendungen, sei es allgemein im dienstlichen Verkehr mit jedem deutschen Empfänger (Verz. I) oder an die im Verz. II besonders bezeichneten Empfänger (bayer. Dienststellen) zu richten.

Die unter die Portoablösung fallenden Sendungen hatten (wenn sie verschlossen waren, auf dem Umschlag) die deutliche Bezeichnung der absendenden Stelle, das Amtssiegel, den Stempel oder eine Siegelmarke dieser Stelle und auf der unteren linken Ecke den Portoablösungsvermerk „Frei durch Ablösung" zu tragen.

III.

Später wurden (mit Wirkung vom 1. Aug. 1916 an) durch die Bekanntmachung sämtlicher Staatsministerien über die Einführung von Dienstwertzeichen vom 15. Juli 1916 (GVBl. S. 108) unter Aufhebung der Vollzugsbekanntmachung über die Portoablösung vom 25. Dez. 1907 alle bisher zur Anwendung des Vermerks „frei durch Ablösung" berechtigten Stellen, Behörden und Organe ermächtigt und beauftragt, ihre Sendungen, auf denen bisher dieser Vermerk anzubringen war, mit Dienstwertzeichen freizumachen.

Zur MB. vom 15. Juli 1916 erging wieder eine weitere Vollzugsbekanntmachung vom 25. Juli 1916 (GVBl. S. 179). Dieser wurden auch die Verzeichnisse I u. II in neuer Fassung wieder beigefügt, so daß die Verzeichnisse I u. II seitdem als Verzeichnisse zur Bek. vom 25. Juli 1916 angeführt wurden. Die Aufzählung in diesen Verzeichnissen bedeutete aber nicht mehr wie ursprünglich die Berechtigung zur portofreien Versendung von Dienstschreiben, vielmehr das Recht zur Verwendung von Dienstwertzeichen für den amtlichen Verkehr.

Bei dieser Regelung ist es auch nach dem Übergang der bayerischen Postverwaltung auf das Reich auf Grund der Art. 88, 170 RV. und des Staatsvertrags zwischen dem Deutschen Reich und dem Freistaat Bayern über den Übergang der Post- und Telegraphenverwaltung Bayerns an das Reich vom 29./31. März 1920 (GVBl. S. 153) geblieben. Nur wurden die früheren bayerischen Dienstmarken durch Dienstwertzeichen des Reichs ersetzt.

IV.

Durch Bekanntmachung sämtlicher Staatsministerien über die Verwendung von Dienstwertzeichen für den amtlichen Verkehr vom 25. März 1930 (GVBl. S. 90) wurden die Verzeichnisse I und II „zur Ministerialbekanntmachung vom 25. Juli 1916" durch neugefaßte (wesentlich eingeschränkte) Verzeichnisse I und II ersetzt.

Einschränkung des Postgebührenaufwandes.

§ 47.

I Die Ausgaben an Postgebühren sind auf das unbedingt notwendige Maß einzuschränken.

II Sendungen an Empfänger am Sitz der Behörden sind ohne Inanspruchnahme der Post durch das Personal der Behörden zuzustellen, es sei denn, daß diese Art der Zustellung (wegen zu weiter Entfernung, Benützung der Straßenbahn und dgl.) teuerer käme als die Beförderung durch die Post.

III Auf die Einrichtung von örtlichen Briefaustauschstellen für die Behörden an größeren Orten ist Bedacht zu nehmen.

IV Sind in einem Gebäude mehrere Behörden untergebracht, so ist, wo dies möglich, eine gemeinsame Postabsendestelle einzurichten.

V Alle nicht eiligen Dienstsachen sind nur einmal im Tag aufzugeben und, soweit sie an denselben Empfänger gehen, zu einer Sendung (Brief, Päckchen, Paket) zu vereinigen; geheime Schriftstücke sind der Sendung in besonderem Briefumschlag beizulegen.

VI Jede unnötige Versendung von Akten, Büchern usw. ist

zu unterlassen. Für die Versendung sind vielmehr nur die für die Behandlung unentbehrlichen Aktenstücke zu bestimmen.

VII Bei allen Postsendungen ist, soweit irgend möglich, die im einzelnen Fall billigste Beförderungsart (Drucksachen, Geschäftspapiere, Päckchen, Mischsendungen) zu wählen. Zur Versendung als Geschäftspapiere sind namentlich Akten, Bücher, Rechnungen, Belege, Karten, Verträge, Protokolle, Grundbuchauszüge, Berichtsbeilagen aller Art geeignet. Gleichzeitig auslaufende Mitteilungen (Entschließungen, Verfügungen, Schreiben) dürfen nicht beigepackt werden; sie sind als besondere Briefsendung aufzugeben. Durch Buchdruck oder Umdruck hergestellte Runderlasse und Rundverfügungen sind, wenn sie nicht billiger mit anderen Sachen verschickt werden können, tunlichst als Drucksache zu versenden.

VIII Es ist darauf zu achten, daß die jeweils für die niedrigere Postgebühr festgesetzte Gewichtsgrenze womöglich nicht überschritten wird.

IX Ansichts- und Mustersendungen, die ohne Aufforderung einlaufen, dürfen in der Regel nur zurückgesandt werden, wenn Postwertzeichen und Verpackungsstoff beiliegen; sonst sind sie lediglich zur Verfügung des Absenders zu halten.

X Zustellungen von Amts wegen haben nach der Zivilprozeßordnung und in sinngemäßer Anwendung ihrer Bestimmungen als „vereinfachte" mit der blauen Zustellungsurkunde zu erfolgen. Auf dem Briefumschlag ist „Vereinfachte Zustellung" zu vermerken*).

XI Kurze Nachrichten lassen sich vielfach an Stelle eines Briefes oder einer Postkarte auf dem Abschnitt einer Zahlungsanweisung, Postanweisung u. dgl. anbringen.

XII Soweit möglich, ist bargeldlos zu zahlen und namentlich von der Versendung amtlicher Gelder mit Wertbrief oder Postanweisung abzusehen. Von der Anweisung von Kostenrechnungen usw. ist der Empfänger in der Regel nicht besonders zu benachrichtigen, wenn die Beträge auf ein eigenes Konto des Empfängers überwiesen oder durch Postscheck oder Postanweisung zu zahlen sind. Die zahlenden Kassen haben

*) Der Postbote übergibt dem Empfänger keine Abschrift der Zustellungsurkunde, sondern schreibt nur den Tag der Zustellung auf den Briefumschlag.

aber in jedem Fall auf dem Überweisungs- oder Anweisungsabschnitt den Gegenstand der Zahlung zu vermerken.

1. Der Abschnitt D beginnt, wie es in einer Dienstvorschrift, die der Vereinfachung und Verbilligung der Staatsverwaltung dienen soll, sehr naheliegt, mit einer allgemeinen Mahnung zur Einschränkung der Ausgaben an Postgebühren auf das unbedingt notwendige Maß. Für den Telegrammverkehr ist das Entsprechende im § 56 Abs. I angeordnet. Für den Fernsprechverkehr ergibt sich das gleiche aus § 57.

Die Mahnung zur größten Sparsamkeit gilt unvermindert auch für die Fälle, in denen Dienstmarken verwendet werden; denn auch sie müssen letzten Endes der Reichspostverwaltung bezahlt werden.

Die größtmögliche Ersparung von Portokosten erwächst dann, wenn (nach Abs. VI) jede unnötige Versendung von Akten, Büchern usw. unterbleibt und grundsätzlich stets nur die für die Behandlung unentbehrlichen Aktenstücke versandt werden. Dies gilt namentlich auch bei Ersuchen um Rechtshilfe; hier verbot schon die MB. über die Einführung von Dienstwertzeichen vom 25. Juli 1916 (GVBl. S. 179) in Ziff. 6a die Akten mitzuversenden, wenn sie entbehrlich sind.

Auch den Vorlagen an die vorgesetzten Stellen sind nur die zur Behandlung der Angelegenheit unbedingt notwendigen Aktenstücke anzufügen.

Ferner ist von der Rückerbittung von Aktenstücken abzusehen, wenn sie von der absendenden Stelle nicht mehr benötigt werden.

In geeigneten Fällen haben nach § 15 Abs. V Postkarten an die Stelle von Briefen zu treten. Statt eines Briefs oder einer Postkarte genügen zuweilen auch kurze Nachrichten auf dem Abschnitt einer Zahlungsanweisung, Postanweisung u. dgl. (s. Abs. XI).

2. Das Vorbild für Abs. II wie für andere Vorschriften zur Portokostenersparung findet sich in der Bekanntmachung des Staatsministeriums der Finanzen über Einsparung von Kosten für Geschäftsbedürfnisse und von Postgebühren vom 11. April 1923 (unten § 62 Abs. II Ziff. 172). Soweit es noch wirtschaftlich ist, sollen Sendungen den Empfängern am Sitz der Behörden ohne Inanspruchnahme der Post durch das Personal der Behörden zugestellt werden.

Abs. III ordnet für die Behörden an größeren Orten die Einrichtung von örtlichen Briefaustauschstellen an.

3. Zur Ersparung von Personalkosten empfiehlt Abs. IV die Einrichtung gemeinsamer Postabsendestellen für mehrere in dem gleichen Gebäude untergebrachte Behörden.

Der Arbeitsersparnis dient weiter die Bestimmung des Abs. V, wonach die nicht eiligen Dienstsachen nur einmal im Tag aufgegeben werden sollen.

Mehrere Schriftstücke, die an demselben Tag an den gleichen Empfänger abgehen, sind zu einer Sendung zu vereinigen. Einer derartigen Sammelsendung können auch geheime Schriftstücke beigelegt werden; nur müssen sie in einem besonderen Briefumschlag enthalten sein, der nach § 46 Abs. II mit „geheim" zu bezeichnen, mit Siegelmarke zu schließen oder zu versiegeln ist. In die Sammelsendung an ein Amt sollen (aus postalischen Bedenken) nicht Schriftstücke aufgenommen werden, die nicht an das Amt, sondern an einen bestimmten Empfänger persönlich adressiert sind.

Die Bestimmungen des Abs. V gelten, wie sich schon aus seinem Wortlaut ergibt, nicht für Eil- und Sofortsachen. Sie sind mit größtmöglicher Beschleunigung zu versenden.

4. Die Vorschrift des Abs. VIII, darauf zu achten, daß die jeweils für die niedrigere Postgebühr festgesetzte Gewichtsgrenze nicht überschritten wird, stammt inhaltlich aus der MB. über die Einführung von Dienstwertzeichen vom 25. Juli 1916 (GVBl. S. 179). Dort wurde noch dazu bemerkt, daß keine zu schweren Umschläge und nicht unnötigerweise ganze statt halber Bogen zu verwenden sind.

5. Abs. IX behandelt den sehr häufigen Fall, daß den Behörden ohne Aufforderung Ansichts- und Mustersendungen zugehen. In ähnlicher Weise wie im § 42 Abs. (5) der Gemeinsamen Geschäftsordnung für die höheren Reichsbehörden wird bestimmt, daß solche Sendungen in der Regel nur zurückgesandt werden, wenn Postwertzeichen und Verpackstoff für die Rücksendung beiliegen. Sonst wird regelmäßig keine Antwort erteilt; die Sendung wird lediglich zur Verfügung des Absenders gehalten.

6. Abs. X (Zustellungen von Amts wegen) geht auf die MB. über die vereinfachte Zustellung vom 3. Januar 1900 (unten § 62 Abs. II Ziff. 100) zurück.

7. Schon die Entschließung des Finanzministeriums über den Postscheckverkehr vom 14. Okt. 1916 (FMBl. S. 164) ordnete an, daß sämtliche dem Staatsministerium der Finanzen unterstellten Ämter und Kassen, die an den Postscheckverkehr angeschlossen sind, alle Zahlungen innerhalb des Deutschen Reichs, die bisher durch Postanweisung erledigt wurden, im Weg des Postscheckverkehrs zu leisten haben. Auch kleinere Beträge, die die Kassen und Ämter unter sich auszugleichen haben, sind hiernach zur Entlastung des Giroverkehrs mit der Staatsbank im Weg der Überweisung auf das Postscheckkonto des empfangenden Amts zu bewirken. Für die Justizbehörden ist maßgebend die MB. über den Anschluß der Justizbehörden an den Postscheckverkehr und an den Giroverkehr der bayerischen Staatsbank vom 7. Juli 1919 (JMBl. n. F. Bd. II S. 15). Hiernach ist es den Justizbehörden verboten, Barzahlungen in anderen Fällen zu leisten, als wenn sie — wie z. B. die Zahlung von Zeugengebühren — auf anderem Weg nicht bewirkt werden können. Im übrigen haben sich die Justizbehörden bei allen Zahlungen an Behörden und Privatpersonen, soweit sie nicht im Bankgiroverkehr bewirkt werden, des Postscheckverkehrs zu bedienen; durch Postanweisungen sind solche Zahlungen nicht mehr zu leisten. An Zahlungsempfänger, welche ein Postscheckkonto haben, sind die Zahlungen durch Überweisung auf diese Konten, an andere Zahlungsempfänger durch Postscheck zu leisten; die Überweisungen und Schecke sind mit dem Dienstsiegel zu versehen und bei den Postscheckämtern einzureichen. Zahlungen an mehrere Empfänger können in eine Überweisung (Sammelüberweisung) oder einen Scheck (Sammelscheck) nach näherer Maßgabe der Postscheckordnung zusammengefaßt werden. Die Lastschriftzettel (Einlieferungsbescheinigungen) der Postscheckämter treten als Belege an die Stelle der bisherigen Postaufgabescheine.

Zur Förderung des Postscheckverkehrs ist im § 44 Abs. II ADO. angeordnet, daß auf den Kopfbogen für Reinschriften gegebenenfalls stets das Postscheckkonto der Behörden anzugeben ist.

Hinsichtlich der Postbehandlung der Briefe der Inhaber von Postscheckkonten an die Postscheckämter s. § 48 Abs. III.

Freimachung amtlicher Sendungen im Verkehr mit Behörden und anderen öffentlichen Einrichtungen.

§ 48.

I Freizumachen sind alle Postsendungen

1. an Staatsbehörden;
2. an Reichsbehörden mit Einschluß der Deutschen Gesandtschaften und Konsulate und an Staatsbehörden der anderen deutschen Länder, soweit nicht der Postverkehr in Reichsratssachen unter die für Reichsbehörden bestehende Gebührenablösung fällt;
3. an Behörden bayerischer und anderer deutscher Gemeinden und Gemeindeverbände;
4. an Kirchenbehörden, Kirchengemeinden und kirchliche Stiftungen;
5. an öffentliche Einrichtungen und Berufsvertretungen, wie Krankenkassen, Industrie- und Handelskammern, Handwerkskammern, Bauernkammern u. dgl.;
6. an Behörden der Republik Österreich, der Schweiz, Ungarns, des Königreichs Jugoslawien und der Tschechoslowakei auf Grund Vereinbarung;
7. in der Regel auch an andere ausländische Behörden.

II Dienstliche Briefsendungen und Postkarten im Reichsratsverkehr sind nichtfreigemacht mit der Bezeichnung „Frei durch Ablösung Reich" unter Beidrückung des Dienstsiegels zur Post zu geben. Hierunter fällt der Verkehr in Reichsratssachen von und nach Berlin.

III Briefe der Inhaber von Postscheckkonten an die Postscheckämter in Scheckangelegenheiten werden ohne Rücksicht auf das Gewicht zu einer ermäßigten Gebühr befördert. Für diese Sendungen müssen die von der Post vorgeschriebenen besonderen Briefumschläge benützt werden.

IV Die Zustellgebühr für Pakete ist von der absendenden Behörde nicht voraus zu bezahlen. Zur Erzielung von Ersparnissen ist tunlichst von der Möglichkeit der Selbstabholung der Paketsendungen bei der Postanstalt Gebrauch zu machen.

1. Für die Freimachung amtlicher Sendungen im Verkehr mit Behörden ist jetzt (an Stelle des alten Regulativs über die Portofreiheiten

— vgl. hierüber Vorbemerkung I zum Abschnitt D —) im allgemeinen maßgebend die im Einvernehmen mit den Landesregierungen ergangene Bekanntmachung des Reichsministeriums des Innern über die Behandlung gebührenpflichtiger Sendungen zwischen Reichs-, Landes- und Gemeindebehörden vom 29. Juni 1928 (RMBl. S. 389).

Abs. I entspricht dieser Bekanntmachung; nur ist der in Bayern herrschenden Übung entsprechend die Ziff. 4 (Kirchenbehörden) hinzugefügt und in Ziff. 7 die Regel aufgestellt, daß auch die Postsendungen an andere ausländische Behörden (als an die unter Ziff. 6 fallenden) freizumachen sind.

2. Abs. II geht noch auf Art. 5 des Regulativs über die Portofreiheiten (s. oben) zurück; nur ist an Stelle des Bundesrats der Reichsrat getreten.

Für Telegramme der Bevollmächtigten zum Reichsrat ist das Entsprechende im § 56 Abs. III vorgesehen.

3. Abs. IV ist veranlaßt durch die MB. über die Entrichtung der Paketzustellgebühren vom 3. März 1932 (MABl. S. 28).

Postsendungen an Privatpersonen. Gebührenpflichtige Dienstsachen.

§ 49.

I Im Verkehr mit Privatpersonen sind freizumachen

1. amtliche Ersuchen um Auskunft, sofern das Ersuchen im Interesse der Behörde liegt;
2. Antworten auf Eingänge, bei denen vorwiegend ein Staatsinteresse gegeben ist.

II Postsendungen an Privatpersonen, die im Interesse des Empfängers liegen, sind, abgesehen von dem Fall des Abs. V Satz 1, nur dann freizumachen, wenn in der gleichen Sache noch sonst Gebühren, Stempel und Auslagen erwachsen und die Postgebühren mit diesen zusammen eingehoben werden können oder wenn nach Abs. IV die Behandlung als gebührenpflichtige Dienstsache nicht möglich ist. Die sämtlichen in einer Angelegenheit erwachsenden Postgebühren sind gleichzeitig mit den Gebühren, Stempeln und sonstigen Auslagen von dem Zahlungspflichtigen einzuheben. Kommt nur die Einziehung von Postgebühren in Frage, so darf hievon abgesehen werden, wenn unverhältnismäßige Weiterungen entstehen würden.

III Postsendungen an Privatpersonen, die nicht freizumachen sind, sind als gebührenpflichtige Dienstsachen zu behandeln. Solche Sendungen sind in der linken unteren Ecke der Anschriftseite des Briefumschlags oder der Postkarte mit dem nicht abzukürzenden Vermerk „Gebührenpflichtige Dienstsache“ und mit dem Abdruck des Dienstsiegels oder einer

Siegelmarke der absendenden Behörde zu versehen. In diesem Fall hebt die Post von dem Empfänger die einfache Postgebühr für die Sendung ein. Die Versendung als gebührenpflichtige Dienstsache ist in dem Entwurf des Schriftstücks durch Beisetzung des Vermerks „GDS." (Gebührenpflichtige Dienstsache) zu verfügen.

IV Als gebührenpflichtige Dienstsachen können nur gewöhnliche und eingeschriebene Briefe (nicht Nachnahmebriefsendungen) und Postkarten versandt werden. Sie sind nur zulässig innerhalb Deutschlands und im Verkehr mit der Freien Stadt Danzig.

V Postwertzeichen, die Privatpersonen ihren Eingaben beigelegt haben, sind zur Freimachung des zu erteilenden Bescheids zu verwenden. Reichen sie zur Freimachung nicht aus, so ist der Vermerk „Gebührenpflichtige Dienstsache" anzubringen. (Für solche Sendungen erhebt die Post vom Empfänger nur den einfachen Fehlbetrag.) Wird nicht geantwortet, so werden die Postwertzeichen unbeschadet des Rückforderungsanspruchs des Einsenders dienstlich verwendet.

1. Abs. II Satz 1 geht im allgemeinen auf Ziff. 2 der MB. über die Verwendung der Dienstwertzeichen vom 28. Januar 1925 (unten § 62 Abs. II Ziff. 181) zurück, Satz 2 und 3 auf Ziff. 13 der MB. über die Zahlung und Verrechnung der Post-, Telegramm- und Telephongebühren vom 14. Mai 1909 (MABl. S. 401), Satz 4 auf Ziff. IX der MB. über die Einführung der Dienstwertzeichen vom 15. Juli 1916 (GBBl. S. 108).

2. Die Bezeichnung zunächst als „portopflichtige Dienstsache" wurde eingeführt durch die ME. vom 2. April 1886 (unten § 62 Abs. II Ziff. 84), die ihrerseits wieder auf das Posttaxgesetz für das Deutsche Reich vom 28. Oktober 1871 und die bayerische Postportoordnung vom 1. Januar 1876 (GBBl. S. 54) Bezug nahm.

Auch dort wurde schon verlangt:

Unverkürzter Vermerk „Portopflichtige" (jetzt: „Gebührenpflichtige") „Dienstsache", und

Verschluß mit dem Dienstsiegel (jetzt: Dienstsiegel oder Siegelmarke).

Von „gebührenpflichtiger Dienstsache" sprach bereits die in Bem. 1 erwähnte MB. über die Verwendung der Dienstwertzeichen vom 28. Januar 1925.

3. Auf die Bekanntmachung vom 2. April 1886 geht auch Abs. V zurück. Eine Änderung ist aber insofern eingetreten, als nun nach § 1, III Postordnung auch ungenügend freigemachte „Gebührenpflichtige Dienstsachen" nicht mehr als gewöhnliche nichtfreigemachte Sendungen behandelt werden, beim Empfänger vielmehr nur der einfache Fehlbetrag eingehoben wird.

Dienstmarken.

§ 50.

I Die Staatsbehörden verwenden zur Freimachung der amtlichen Postsendungen (§ 48) innerhalb des Deutschen Reichs, nach Österreich und der Briefsendungen nach dem Gebiet der Freien Stadt Danzig statt der gewöhnlichen Postwertzeichen Dienstmarken nach Maßgabe der hierüber bestehenden Vorschriften. Zur Begleichung von Telegrammgebühren mit Einschluß der Gebühren für telegraphische Postanweisungen, der nachzuerhebenden Gebührenbeträge für nicht freigemachte Postsendungen, der Gebühren für die Annahme von Sendungen durch die Postzusteller sowie der vom Empfänger zu entrichtenden Paketzustellungsgebühren dürfen Dienstmarken nicht verwendet werden.

II Die mit Dienstmarken freigemachten Postsendungen und Paketkarten müssen die volle Bezeichnung der absendenden Behörden in Buchdruck, Stempelaufdruck oder Siegelabdruck tragen.

III Mit Dienstmarken freigemachte Sendungen, die den Voraussetzungen nach Abs. II nicht entsprechen, behandeln die Postanstalten, wenn der Mangel nicht ohne Verzögerung beseitigt werden kann, als nicht freigemacht und belegen sie mit Nachgebühren. Wird nachträglich die rechtmäßige Verwendung der Dienstmarken nachgewiesen, so werden dem Empfänger die von ihm erhobenen Gebühren erstattet.

IV Die bezugsberechtigten Behörden beziehen, soweit nicht Barzahlung vorgeschrieben ist, die Dienstmarken von der Postanstalt ihres Dienstsitzes gegen Empfangsbescheinigung nach Vordruck; der Aufwand für die so bezogenen Dienstmarken wird auf Grund der von den Postanstalten gesammelten Empfangsbescheinigungen der Staatskasse verrechnet.

V Die bei den Behörden unbrauchbar gewordenen Dienstmarken und die auf verdorbenen Briefumschlägen, Postkarten, Paketkarten usw. aufgeklebten Dienstmarken tauscht die Postanstalt, von der die Behörde ihre Dienstmarken bezieht, kostenlos gegen Dienstmarken gleichen Wertes um.

VI Die für die Zustellung und Rücksendung von Zustellungsurkunden im voraus durch Dienstmarken verrechneten Beträge auf Sendungen, die nicht zugestellt werden können, werden von der Aufgabepostanstalt bei Rückgabe der Sendung gutgeschrieben und der absendenden Behörde gegen ein von ihr auszustellendes Empfangsanerkenntnis mit Angabe der Stückzahl und Markensorte monatlich erstattet.

VII Die Behörden haben ihren Vorrat an Dienstmarken auf den notwendigen Bedarf für zwei Wochen zu beschränken, Behörden mit geringerem Verbrauch dürfen ihren Bedarf für einen Monat im voraus decken. Die bezogenen Dienstmarken sind nach Sorten in ein fortlaufendes Verzeichnis einzutragen. Bei jeder Behörde ist ein Beamter zu bestimmen, der für den ordnungsmäßigen Bezug, die sorgfältige Verwahrung und die sachgemäße Verwendung der Dienstmarken verantwortlich ist. Die verbrauchenden Beamten haben den Empfang der Marken in einem besonderen Buch oder Verzeichnis fortlaufend zu bestätigen. Die Aufbewahrung und der Verbrauch der Dienstmarken ist von den Aufsichtsbehörden insbesondere bei Amtsbesichtigungen und Amtsübergaben zu überwachen. Die unberechtigte Verwendung von Dienstmarken wird dienstaufsichtlich und gegebenenfalls auch strafrechtlich verfolgt.

1. Über die Vorgeschichte der Dienstmarken vgl. die Vorbemerkungen zum Abschnitt D.

2. Dienstmarken dürfen innerhalb des Deutschen Reichs sowie für Brief- (nicht für Paket-)sendungen nach der Freien Stadt Danzig verwendet werden. Zum Deutschen Reich gehört auch das Saargebiet. (Vgl. die MB. über das Saargebiet vom 25. Mai 1921 — StAnz. Nr. 120 —).

Die Zulässigkeit der Verwendung von Dienstmarken auch im Verkehr mit Österreich geht auf die (im § 62 Abs. II Ziff. 145 aufgehobene) ME. über Dienstwertzeichen vom 3. Oktober 1916 zurück, mit der bekanntgegeben wurde, daß nach dem neuen Postabkommen mit Österreich-Ungarn und Bosnien-Herzegowina im Verkehr mit diesen Ländern Dienstwertzeichen verwendet werden dürften. Nach Zertrümmerung der österreichisch-ungarischen Monarchie gilt dies zufolge ME. über die Dienstwertzeichen im amtlichen Verkehr vom 27. Juni 1921 (unten § 62 Abs. II Ziff. 159) nur noch im Verkehr mit der Republik Österreich, nicht aber mit den übrigen Nachfolgestaaten.

Im Verkehr mit der Schweiz durften Dienstmarken niemals verwendet werden.

3. Mit Dienstwertzeichen ungenügend freigemachte Sendungen werden von den Postanstalten nach den allgemeinen Bestimmungen über unzureichend freigemachte Sendungen behandelt und mit Nachgebühren belegt; die Postanstalten sind jedoch angewiesen derartige Gegenstände den Dienststellen, soweit es ohne Verzögerung möglich ist, zur Nachfrankierung zurückzugeben (ADAnw. f. Post u. Telegraphie V, 1; Anl. 38 Ziff. IV und Anh. 1 Ziff. 5).

4. Die Bezahlung der Dienstmarken nach Abs. IV im Weg der Verrechnung wurde durch Ziff. X/XI der MB. über die Einführung der Dienst-

wertzeichen vom 15. Juli 1916 (GVBl. S. 108) und Ziff. 10/12 der MB. über die Einführung von Dienstwertzeichen für den amtlichen Verkehr vom 25. Juli 1916 (GVBl. S. 179) geregelt.

Auf diese Bekanntmachungen geht auch der Abs. V (Ersatz für unbrauchbar gewordene Dienstmarken) zurück. Abs. VI dagegen stammt aus dem bayerischen Verkehrsministerialblatt, postdienstlicher Teil 1916 S. 273 (jetzt: ADAnw. f. Post u. Telegraphie V, 1 Anl. 38 Ziff. V).

5. Abs. VII sorgt, noch über die Bestimmungen in den Ministerialbekanntmachungen vom 15. und 25. Juli 1916 hinaus, für größtmögliche Sparsamkeit auch in der Vorrathaltung von Dienstmarken. In der Fassung neu ist die Vorschrift, daß bei jeder Behörde ein Beamter zu bestimmen ist, der für den ordnungsmäßigen Bezug, die sorgfältige Verwahrung und die sachgemäße Verwendung der Dienstmarken verantwortlich ist.

6. Zur Frage der strafrechtlichen Verfolgung unberechtigter Verwendung von Dienstmarken bemerkt die MB. über die Dienstwertzeichen für den amtlichen Verkehr vom 11. August 1921 (unten § 62 Abs. II Ziff. 160), daß Unterschlagung auch dann gegeben sei, wenn sich Beamte die Dienstwertzeichen dadurch verschafften, daß sie die amtlichen Postsendungen, zu deren Frankierung die Dienstwertzeichen verwendet werden sollten, mit von ihnen gekauften gewöhnlichen Wertzeichen freimachten.

Gewöhnliche Postwertzeichen.

§ 51.

Für Postsendungen, die nicht mit Dienstmarken freigemacht werden können (vgl. § 50 Abs. I Satz 1), sind gewöhnliche Postwertzeichen zu verwenden. Behörden, die einen regelmäßigen Bedarf an gewöhnlichen Postwertzeichen haben, beschaffen die Postwertzeichen im voraus, die übrigen Behörden im Bedarfsfall. Über die Verwendung der im voraus angekauften Postwertzeichen führt die Behörde einen Verwendungsnachweis.

Hierunter fallen alle Sendungen nach Orten außerhalb von Deutschland, Danzig und der Republik Österreich.

Wertsendungen.
Postauslieferungsbücher.

§ 52.

I Postsendungen mit Wertinhalt sind als Wertsendungen aufzuliefern. In dieser Auflieferung liegt die Versicherung für den angegebenen Wert.

II Die Staatsbehörden haben Postauflieferungsbücher zu führen, in denen sie sich von den Postanstalten die Aufgabe von Wertsendungen und Einschreibbriefsendungen sowie von Nachnahmesendungen bescheinigen lassen. Die Einlieferung von Postanweisungen und Zahlkarten ist gleichfalls hier vorzutragen, soweit die Behörden nicht den gewöhnlichen Posteinlieferungsschein als Rechnungsbeleg benötigen.

III Auflieferungsbücher mit Vordruck sind von den Postanstalten unentgeltlich zu beziehen.

1. Wertsendungen sind schon versichert; Versicherung bei einem privaten Versicherungsunternehmen ist daher überflüssig und wurde schon durch die MB., betr. die Versicherung von Postwertsendungen durch die staatlichen Behörden und Kassen, vom 25. Februar 1921 (unten § 62 Abs. II Ziff. 156) verboten.

2. Postauflieferungsbücher werden von den Postanstalten unentgeltlich zur Verfügung gestellt. In diesen Büchern bescheinigen die Postämter auf Wunsch die Aufgabe von Wert- und Einschreibebriefsendungen sowie von Nachnahmesendungen.

Auch die Aufgabe von Postanweisungen und Zahlkarten könnte hier bescheinigt werden; die Behörden ziehen es aber in der Regel vor, sich den gewöhnlichen Posteinlieferungsschein (gemeinhin: „Zahlkartenabschnitt") geben zu lassen, weil sie ihn als Rechnungsbeleg benötigen und sonst das Auflieferungsbuch als Beleg zu den Rechnungen nehmen müßten.

Barfreimachung.

§ 53.

Für die Barfreimachung von amtlichen Sendungen gelten die allgemeinen Bedingungen der Postverwaltung für die Freistempelung von Briefsendungen, für die Verwendung von Apparaten zum Freistempeln (sog. Freistemplern) die Bedingungen für die Benützung der Freistempler. Diese Bedingungen können bei Bedarf von den Oberpostdirektionen bezogen werden.

Die Barfreimachung bedeutet für Behörden mit größerem Briefverkehr eine nicht zu unterschätzende Vereinfachung. Sie führt zu einer Verminderung des sonst bereitzuhaltenden Dienstmarkenvorrats und bringt insofern auch eine Ersparung. Besonders wurde sie in der Inflationszeit empfohlen. Damals kam allerdings noch dazu, daß die Post mit dem Druck der Dienstmarken, die auf Riesenbeträge lauteten, nicht mehr nachkam. Vor allem aber wird auch die geistlose menschliche Arbeit des Aufklebens und des Abstempelns durch einen mechanischen Vorgang ersetzt.

Behandlung eingehender Postsendungen.

§ 54.

I Wenn nicht oder nicht genügend freigemachte oder mit der Bezeichnung „Gebührenpflichtige Dienstsache" versehene Postsendungen von anderen Behörden oder von Privatpersonen aus dem Inland einlaufen, sind sie anzunehmen; jedoch sind die auf den Sendungen haftenden Gebühren durch die Post vom Absender einzuziehen. Dazu bedarf es bei Postkarten eines schriftlichen Antrags, bei anderen Sendungen genügt die Rückgabe der Umschläge (vgl. § 51 Nr. V

Abs. 2 der Postordnung vom 30. Januar 1929, RGBl. I S. 33).

II Nicht oder nicht genügend freigemachte Sendungen ausländischer Behörden und ihnen gleichzuachtender Auslandsstellen sind anzunehmen, die Postgebühren sind auf die Staatskasse zu verrechnen. Die Annahme nicht oder nicht genügend freigemachter Postsendungen ausländischer Privatpersonen, sofern sie als solche ohne weiteres erkennbar sind, ist in der Regel abzulehnen.

III Ist eine Sendung, bei der die Pflicht zur Gebührenzahlung einer Partei obliegt, von einer nichtbayerischen Absendebehörde freigemacht, so kann die bayerische Empfangsbehörde, wenn sich die zahlungspflichtige Partei in ihrem Gebiet befindet, den Betrag der Postgebühren von der Partei einheben; von einer Erstattung des eingehobenen Betrags an die Absendebehörde wird nach dem Grundsatz der Gegenseitigkeit abgesehen.

IV Postschließfächer dürfen von den Behörden nicht gehalten werden.

1. Die Regelung in Abs. I u. II entspricht der der württembergischen Dienstordnung (§ 118).

Die Versendung als „Gebührenpflichtige Dienstsache" ist, wie sich aus den §§ 48ff. ergibt, im Verkehr mit anderen Behörden nicht zulässig; der Vermerk „Gebührenpflichtige Dienstsache" kann also nur irrtümlich auf die Sendung geraten sein.

2. Abs. III deckt sich mit Ziff. I, 2 Satz 2 der im Einvernehmen mit den Landesregierungen ergangenen Bekanntmachung des Reichsministeriums des Innern über die Behandlung gebührenpflichtiger Sendungen zwischen Reichs-, Landes- und Gemeindebehörden vom 29. Juni 1928 (RMBl. S. 389).

Postbehandlung von Wetterbeobachtungen und Pflichtanzeigen.

§ 55.

I Die Beobachtungsstellen der Bayerischen Landeswetterwarte und der Bayerischen Landesstelle für Gewässerkunde verwenden zu den dienstlichen Meldungen an diese Behörden Postkarten und Briefumschläge, auf denen das Dienstsiegel der Empfangsstelle aufgedruckt ist, mit dem Vermerk „Gebührenpflichtige Dienstsache" und liefern die Sendungen nichtfreigemacht bei den Postanstalten ein. Das Zustellpostamt erhebt von der Empfangsstelle nur den einfachen Fehlbetrag der Gebühren; dies gilt für die Übergangszeit bis zum Aufbrauch der älteren Formblätter auch dann, wenn die Sendungen den Vermerk „Gebührenpflichtige Dienstsache" nicht tragen.

II Die zur Anzeige von Krankheits- und Todesfällen verpflichteten Personen (Ärzte, Hebammen, Leichenschauer usw.) verwenden zu ihren Anzeigen Briefumschläge mit besonderem Aufdruck, die ihnen von den Polizeibehörden mit dem Dienstsiegel dieser Behörden versehen zur Verfügung gestellt werden*). Die Sendungen werden nicht freigemacht, sondern als „Gebührenpflichtige Dienstsache" befördert. Das Zustellpostamt hebt von der empfangenden Polizeibehörde den einfachen Fehlbetrag der Gebühren ein.

1. § 55 behandelt bayerische Sonderfälle gebührenpflichtiger Dienstsachen. Er schließt die sich mit den Postgebühren befassende Paragraphenreihe der ADO. ab.

2. Abs. I (Wetterbeobachtungen) gründet sich auf eine Verfügung des Reichspostministeriums an die Postanstalten in Bayern zur Erleichterung des Wetterbeobachtungsdienstes vom 11. April 1928 Nr. 2/P II 29.

Die Landeswetterwarte besitzt rund 600, die Landesstelle für Gewässerkunde rund 1500 Außenstationen.

Bis 1923 machten die Beobachtungsstellen der Landeswetterwarte und der Landesstelle für Gewässerkunde ihre dienstlichen Postsendungen mit Dienstwertzeichen frei. In der Inflationszeit wurde es aber sehr schwierig, die so zahlreichen Außenstellen rechtzeitig mit den sich ständig ändernden Dienstmarken zu versehen. Die Postverwaltung gestand deshalb zu, daß für nicht freigemachte Postkarten und Briefe mit dringenden Berichten nur die einfache Nachgebühr eingehoben wurde. Dieses Zugeständnis wurde später fortgewährt und 1928 endgültig festgelegt.

3. Abs. II (Pflichtanzeigen) geht auf eine Entschließung des Staatsministeriums des Innern über Portopflicht von Pflichtanzeigen über Krankheits- und Todesfälle vom 24. Februar 1909 (MABl. S. 214) zurück, durch die eine Entschließung des seinerzeitigen bayerischen Staatsministeriums für Verkehrsangelegenheiten bekanntgegeben wurde. Neubekanntmachungen erfolgten mit Entschließungen vom 26. November 1909 (MABl. S. 984) und vom 7. Juni 1911 (unten § 62 Abs. II Ziff. 134).

Telegrammverkehr.

§ 56.

I Diensttelegramme der Behörden dürfen nur in besonders wichtigen und dringenden Angelegenheiten und nur dann aufgegeben werden, wenn mit Sicherheit anzunehmen ist, daß die darin enthaltene Mitteilung auf billigerem (namentlich

---

*) Der Bedarf an Vordrucken und Briefumschlägen zu diesen Anzeigen ist von den Ortspolizeibehörden den Bezirkspolizeibehörden anzuzeigen; diese fordern die Vordrucke und Briefumschläge bei der Kanzlei des Staatsministeriums des Innern an.

schriftlichem oder fernmündlichem) Weg nicht mehr rechtzeitig den Empfänger erreichen würde. Ortstelegramme dürfen nicht aufgegeben werden.

II Diensttelegramme der Staatsbehörden dürfen nicht als dringende Telegramme aufgegeben werden. Sie sind als Staatstelegramme zu bezeichnen und mit dem Abdruck des Dienststempels zu versehen; als solche werden sie gegen Bezahlung der einfachen Gebühr vor den übrigen Telegrammen befördert. Die Telegramme sind möglichst kurz und klar zu fassen.

III Telegramme der Bevollmächtigten zum Reichsrat in Reichsratsangelegenheiten sind als „Reichsratssache" zu bezeichnen und mit dem Abdruck des Dienststempels sowie mit Unterschrift und Amtsbezeichnung zu versehen. Für diese Telegramme sind Gebühren aus der Staatskasse nicht zu entrichten.

IV Behörden, die öfter zu telegraphieren genötigt sind, lassen sich zweckmäßig die Telegrammgebühren von der Telegraphenanstalt stunden und bezahlen die Gebühren nach Eingang der Rechnung.

V Die Behörden können sich die angekommenen Telegramme durch Fernsprecher unentgeltlich übermitteln lassen. In solchen Fällen wird das Telegramm nachträglich noch durch die Post unentgeltlich zugestellt.

1. Die Beschränkung der Zulässigkeit von Diensttelegrammen im Abs. I entspricht der Mahnung zur Sparsamkeit bei den Ausgaben an Postgebühren im § 47. Für den Fernsprechverkehr vgl. § 57 Abs. I.

Es ist selbstverständlich, was in der württembergischen Dienstordnung auch ausdrücklich ausgesprochen ist, daß vor allem auch keine Angelegenheit so verzögert werden darf, daß sie nur noch fernschriftlich erledigt werden kann. (Vgl. auch § 36 Abs. I.)

Der Kostenersparung dient auch die Bestimmung des Abs. II Satz 3, daß Telegramme (unbeschadet der Klarheit) möglichst kurz zu fassen sind.

2. Abs. II erinnert die Behörden daran, daß ihre Diensttelegramme ohne weiteres vor allen Privattelegrammen befördert werden. Ein Diensttelegramm als „dringendes Telegramm" aufzugeben, hätte deshalb keinen Sinn. Der Vorzug, den Diensttelegramme genießen, darf aber selbstverständlich nicht mißbraucht werden, schon mit Rücksicht auf das Interesse des Privattelegrammverkehrs, der gegenüber Diensttelegrammen zurücktreten muß.

3. Auch für den Telegrammverkehr der Behörden können u. U. „Brieftelegramme" und „Kurztelegramme" in Frage kommen. Vgl. hierüber § 16 der Telegraphenordnung vom 30. Juni 1926 (Amtsblatt des RPM. S. 447) und Amtsblatt des RPM. 1932 S. 59. Für solche Tele-

gramme haben die Behörden die gewöhnlichen ermäßigten Gebühren zu entrichten.

Brieftelegramme sind Telegramme, die von der Postanstalt nach allen vollbezahlten Telegrammen telegraphisch an den Bestimmungsort befördert, dort aber wie gewöhnliche Briefe behandelt werden.

Kurztelegramme dürfen nicht mehr als 8 Gebührenwörter enthalten. Dabei wird die Anschrift und der Dienstvermerk — KZ — mitgezählt. Die Kurztelegramme werden nach ihrer Ankunft am Bestimmungsort bei der nächsten Briefzustellung durch den Briefträger abgetragen.

Sowohl Brief- als Kurztelegramme können nach ihrer Ankunft am Bestimmungsort statt durch den Briefträger gegebenenfalls auch durch den Fernsprecher zugestellt werden. In diesem Fall folgt bei den Brieftelegrammen noch die schriftliche Ausfertigung des Telegramms als Brief nach, bei den Kurztelegrammen verbleibt sie bei der Postanstalt.

4. Abs. III (Telegramme der Bevollmächtigten zum Reichsrat) entspricht dem § 48 Abs. II. Vgl. die Bem. 2 zu § 48.

5. Abs. IV ermöglicht die Aufhebung der MB., gestundete Gebühren für gebührenpflichtige Staatstelegramme betr., vom 24. Sept. 1907 (unten § 62 Abs. II Ziff. 125).

Fernsprechverkehr.

§ 57.

I Der Fernsprecher kann benützt werden, wenn dadurch unmittelbares Benehmen oder schriftliche Verhandlungen erspart werden, außerhalb des Ortsverkehrs jedoch nur, wenn eine schriftliche Erledigung nach Lage des Falles nicht möglich ist. Alle Ferngespräche sind knapp zu fassen und dürfen die unbedingt notwendige Dauer nicht überschreiten.

II In besonders wichtigen und eiligen reinen Staatsangelegenheiten kann ein Gespräch unter Angabe der Behörde und des Namens des bestellenden Beamten als „Dringendes Gespräch in Staatsangelegenheiten" angemeldet werden. Solche Gespräche genießen den Vorrang vor allen Privatgesprächen; sie können nur von dienstlichen Sprechstellen des Reichs und der Länder aus geführt werden (§ 17 Abs. VII der Fernsprechordnung vom 15. Februar 1927 — Amtsblatt des Reichspostministeriums S. 65 —). Für solche dringenden Staatsgespräche ist die doppelte Gebühr zu entrichten; wegen der hohen Kosten sind diese Gespräche nur in wirklich dringenden Fällen zu führen.

III Ferngespräche nach auswärts sind womöglich auf Stunden geringerer Belastung der Fernleitungen zu verlegen. Bei der Bestellung einer Fernverbindung ist der Vermittlungsstelle, wenn eine Hausumschaltestelle vorhanden ist, dieser, der Name des bestellenden Beamten anzugeben. Der Besteller des Gesprächs muß nach Herstellung der Verbindung sofort zu erreichen sein. Läßt es sich nicht vermeiden, daß er sich vorübergehend entfernt, so hat er der Vermittlungsstelle oder der Hausumschaltestelle anzugeben, wohin sie das zu erwartende Ferngespräch leiten soll.

IV Das Ergebnis wichtigerer fernmündlicher Gespräche ist zu den Akten zu vermerken.

V Bei jeder Sprechstelle soll eine Zusammenstellung der für die Behörde wichtigsten Anschlüsse und gegebenenfalls ein Verzeichnis der an den gleichen Umschalter angeschlossenen Sprechstellen aufliegen.

VI Im gesamten Fernsprechverkehr sind insbesondere auch die Vorbemerkungen zum „Amtlichen Fernsprechbuch" zu beachten.

1. Abs. I sucht vor allem mißbräuchlicher Benützung der Fernsprecheinrichtungen außerhalb des Ortsverkehrs vorzubeugen. Die schriftliche Form der Erledigung hat hier, wenn sie möglich ist, dem Ferngespräch vorzugehen. Vgl. auch Bem. 3.

2. Abs. III behandelt die „dringenden Gespräche in Staatsangelegenheiten". Sie sind geregelt in der angeführten Bestimmung der Fernsprechordnung vom 15. Februar 1927. Diese teuere Gesprächsform ist nur in besonders dringenden Fällen zu wählen. Es darf dem Beamten nicht zur Gewohnheit werden stets ein dringendes Gespräch zu bestellen.

Zu Abs. III Satz 1 ist auch auf die Verbilligung der Ferngespräche zwischen 19 Uhr und 8 Uhr hinzuweisen. Nach § 17, II Abs. 2 der Fernsprechordnung vom 15. Februar 1927 (Amtsblatt des RPM. S. 65) ermäßigen sich für Gespräche auf mehr als 5 km Entfernung in diesen Stunden die Gebühren auf zwei Drittel. Maßgebend ist der Zeitpunkt, zu dem das Gespräch begonnen worden ist. Wenn auch den Beamten im allgemeinen nicht zugemutet werden kann in diesen Stunden im Amt zu weilen, so kann doch leicht der Fall eintreten, daß sich ein solches verbilligtes Ferngespräch durch einen doch anwesenden Beamten ermöglichen läßt.

3. Abs. V entspricht dem § 73 Abs. (3) der Gemeinsamen Geschäftsordnung für die höheren Reichsbehörden. Es hat sich praktisch bewährt, daß möglichst jeder Inhaber einer Fernsprechstelle die für ihn wichtigsten Anschlüsse zusammenstellt und jederzeit zur Hand hat.

4. Abs. VI weist auf die viel zu wenig gelesenen und bekannten Vorbemerkungen des Amtlichen Fernsprechbuchs hin, die außerordentlich viel Beachtliches enthalten, z. B. über das Buchstabieren von Namen, die Behandlung (Nichtbenützung) des Fernsprechers bei Gewitter, die Entseuchung der Apparate, den Anruf in bestimmten Fällen, die Aufgabe von Telegrammen, die Voranmeldung von Gesprächen, den Herbeiruf von Personen zu Gesprächen usw.

5. Von den Justizbehörden ist die JMB. über den telephonischen Verkehr vom 6. März 1896 (JMBl. n. F. Bd. I S. 168) zu beachten.

Amtliche Fernsprechanschlüsse. Dienstanschlüsse in Wohnungen.

§ 58.

I In Diensträumen dürfen Fernsprechanschlüsse nur hergestellt werden, wenn und insoweit eine unabweisbare Notwendigkeit hiefür besteht. Die Einrichtung bedarf der vorherigen Genehmigung des vorgesetzten Staatsministeriums oder der von ihm ermächtigten Stelle.

II In der Regel ist für die Behörde ein Hauptanschluß mit den notwendigen Nebenstellen zu wählen. Um Kosten zu ersparen, können auch Nebenanschlüsse an Hauptanschlüsse anderer Staatsbehörden beantragt werden. Von Nebenanschlüssen an Hauptanschlüsse Privater ist abzusehen.

III In Wohnungen von Beamten dürfen Fernsprechanschlüsse auf Kosten des Staates eingerichtet werden, wenn ein besonderes dringendes dienstliches Bedürfnis dafür besteht, daß die Beamten auch außerhalb der Dienststunden durch Fernsprecher erreicht werden können. Die Einrichtung bedarf der Genehmigung des vorgesetzten Staatsministeriums, das hiewegen mit dem Staatsministerium der Finanzen ins Benehmen tritt. In der Regel übernimmt die Behörde den Fernsprechanschluß als Inhaberin gegenüber der Postverwaltung und trägt die Einrichtungskosten.

IV Dienstliche Fernsprechanschlüsse in Wohnungen sollen tunlichst als Nebenanschlüsse zu den Hauptanschlüssen der Behörde eingerichtet werden. In Ausnahmefällen können auch Hauptanschlüsse eingerichtet werden, insbesondere wenn infolge weiter Entfernung der Wohnung von der Behörde für den Nebenanschluß so hohe Leitungszuschläge zu entrichten wären, daß die Gebühren für den Nebenanschluß einschließlich dieser Zuschläge ebenso hoch oder höher wären als die Grundgebühr für den Hauptanschluß. Ausnahmehaupt- und Ausnahmenebenanschlüsse sind zu vermeiden.

V In einer Wohnung dürfen nur ein dienstlicher Fernsprechanschluß (Haupt- oder Nebenanschluß) und in Ausnahmefällen ein besonderer Wecker und zwei Anschlußdosen auf Staatskosten eingerichtet und unterhalten werden.

VI Die Fernsprecheinrichtungen sind pfleglich zu behandeln. Beamte, in deren Wohnungen dienstliche Fernsprechanschlüsse eingerichtet sind, haben die Kosten für die Beseitigung von Schäden an der Fernsprecheinrichtung und den Leitungen zu tragen, die durch ihr eigenes Verschulden oder durch Verschulden ihrer Haushaltsangehörigen oder anderer Personen entstehen, denen sie die Benützung des Anschlusses gestattet haben.

1. Abs. I geht zurück auf die Ziff. I, 1 der MB. über die Einrichtung und Benützung von Fernsprechanschlüssen in den Diensträumen und Wohnungen von Beamten und Angestellten des Staates vom 16. Febr. 1925 (unten § 62 Abs. II Ziff. 182).

Abs. II entspricht mit geringer Fassungsänderung der Ziff. I, 2 dieser Ministerialbekanntmachung.

2. Die Einrichtung von Dienstanschlüssen in Wohnungen von Beamten war bisher geregelt in den Bekanntmachungen des Finanzministeriums vom 16. Febr. 1925, 10. Aug. 1928 und 21. März 1931 (unten § 62 Abs. II Ziff. 182, 192 und 197). Die Neuregelung bestätigt in allen wesentlichen Punkten den bisherigen Rechtsstand. Ausgeschlossen ist nach § 59 Abs. IV, um jeden Verdacht unzulässiger Verwendung auszuschließen, die Einrichtung und Unterhaltung dienstlicher Fernsprechanschlüsse in Wohnungen von Beamten, die neben ihrer amtlichen Tätigkeit eine private berufliche Tätigkeit entfalten (z. B. Privatpraxis ausübenden Amtsärzten und Amtstierärzten). Selbstverständlich erhalten diese Beamten aber die Gebühren für die in Dienstangelegenheiten geführten notwendigen Ferngespräche (§ 57 Abs. I), soweit hiezu nicht amtliche Fernsprechanschlüsse benützt wurden, ersetzt.

3. Ein Ausnahmehauptanschluß ist ein Anschluß an eine andere als die örtlich zuständige (nächste) Vermittlungsstelle.

4. Die vom Wohnungsinhaber für die Benützung dienstlicher Fernsprechanschlüsse in Wohnungen zu Privatgesprächen zu leistende Vergütung ist im § 59 Abs. II und der Anlage 2 geregelt.

Privatgespräche auf amtlichen Fernsprechanschlüssen.

§ 59.

I Die amtlichen Fernsprechanschlüsse dürfen von den Beamten zu Privatgesprächen nur in dringenden Fällen und nur in der unbedingt notwendigen Dauer vorbehaltlich näherer Bestimmung des Amtsvorstandes während der Dienststunden benützt werden. Ferngespräche zu nichtdienstlichen Zwecken nach auswärts sind als solche unter Angabe des Bestellers anzumelden; die hiefür anfallenden Gebühren im Fern-, Vororts- und Bezirksverkehr, für aufgegebene Telegramme usw. sind der Staatskasse zu erstatten; von der Einhebung der Gebühren für Ortsgespräche wird abgesehen.

II Die Benützung der dienstlichen Fernsprechanschlüsse in Wohnungen für private Zwecke ist, soweit nicht im Einzelfall etwas anderes bestimmt wird, den Wohnungsinhabern in jederzeit widerruflicher Weise gestattet. Der Wohnungsinhaber hat, solange er nicht auf Dienstpflicht die schriftliche Erklärung abgibt, daß der dienstliche Fernsprechanschluß nicht für private Zwecke benützt wird, die aus der Anlage 2 ersichtlichen Kostenbeiträge und Gebühren zu zahlen. Will ein Wohnungsinhaber entgegen einer früher abgegebenen Erklärung den Anschluß für private Zwecke benützen, so bedarf er hiezu der vorherigen Genehmigung seiner vorgesetzten Dienstesstelle. Diese hat die Rechnungsprüfungsstelle von der Erteilung der Genehmigung zu benachrichtigen.

Anlage 2.

III Wenn ein Selbstwähl-Nah- und Weitverkehr besteht, sind private Ferngespräche außerhalb des Ortsverkehrs stets bei der Fernsprech-Vermittlungsstelle anzumelden.

IV In den Wohnungen von Beamten, die neben ihrer amtlichen Tätigkeit eine private berufliche Tätigkeit entfalten (z. B. von Privatpraxis ausübenden Bezirksärzten, Landgerichtsärzten, Bezirkstierärzten), werden auf Staatskosten Fernsprechanschlüsse nicht eingerichtet und unterhalten. Diesen Beamten werden die Gesprächsgebühren für die in Dienstangelegenheiten geführten Gespräche ersetzt.

V Privaten Personen ist die Benützung eines amtlichen Fernsprechanschlusses nur ausnahmsweise (z. B. im Fall der Beiziehung zu längeren Sitzungen) zu gestatten. Mußten für sie Ferngespräche nach auswärts vermittelt werden, so sind die Gesprächsgebühren sofort festzustellen und vom Besteller einzuziehen.

VI Die von den Beamten und von Privatpersonen für die Benützung von amtlichen Fernsprechanschlüssen zu privaten Zwecken zu erstattenden Beträge werden an den Ausgaben für Fernsprechgebühren gekürzt.

1. Abs. I bezieht sich auf die Benützung amtlicher Fernsprechanschlüsse in den **Diensträumen** zu Privatgesprächen, Abs. II auf die Verwendung dienstlicher Fernsprechanschlüsse in **Wohnungen** von Beamten für Privatzwecke.

Die Benützung der Fernsprechanschlüsse in den Diensträumen wird — vorbehaltlich näherer Bestimmung des Amtsvorstands — für dringende Fälle in der unbedingt notwendigen Dauer gestattet; dabei wird von der Einhebung von Gebühren für Ortsgespräche abgesehen. Dagegen müssen Ferngespräche zu nicht dienstlichen Zwecken nach auswärts unter Angabe des Bestellers angemeldet und die hiefür anfallenden Gebühren der Staatskasse ersetzt werden. Soweit **Selbstwähl-Weitverkehr** besteht, darf hievon nach Abs. III für Privat-Ferngespräche außerhalb des Ortsverkehrs nicht Gebrauch gemacht werden; das Ferngespräch muß vielmehr bei der Fernsprechvermittlungsstelle angemeldet werden.

2. Privatpersonen darf nach Abs. V die Benützung eines amtlichen Fernsprechanschlusses (in den Diensträumen) nur ausnahmsweise gestattet werden. Die angefochtenen Gebühren sind gegebenenfalls sofort festzustellen und von dem Besteller einzuziehen. Es muß verhindert werden, daß Dienstanschlüsse von Privaten nur zur Kostenersparnis benützt werden.

Abs. V besitzt ein Vorbild im § 75 der Gemeinsamen Geschäftsordnung für die höheren Reichsbehörden.

3. Die Benützung der dienstlichen Fernsprechanschlüsse in Wohnungen ist nach Abs. II dem Wohnungsinhaber grundsätzlich auch für private Zwecke gestattet; der Wohnungsinhaber hat aber, solang er nicht auf Dienstpflicht die schriftliche Erklärung abgibt, daß der Fernsprechanschluß nicht für Privatzwecke benützt wird, die sich aus der Anlage 2 ergebenden Kostenbeträge und Gebühren zu bezahlen.

Die zu entrichtenden monatlichen Kostenbeträge belaufen sich z. B. auf

a) 4 RM. für einen Fernsprechhauptanschluß,
b) 3 RM. für einen Fernsprechnebenanschluß mit Dauerverbindung,
c) 2 RM. für sonstige Nebenanschlüsse,
d) 0,50 RM. für 2 Anschlußdosen für Hauptanschlüsse, 0,30 RM. für 2 Anschlußdosen für Nebenanschlüsse,
e) für besondere Einrichtungen die von dem zuständigen Staatsministerium im Einvernehmen mit dem Staatsministerium der Finanzen festgesetzten Beträge.

Hinsichtlich der (ziemlich umständlichen) Gebührenregelung s. Anlage 2 Ziff. II.

Bezug der amtlichen Verkündungsblätter, der Zeitungen und Zeitschriften.

§ 60.

I Die amtlichen bayerischen Verkündungsblätter (Gesetz- und Verordnungsblatt, Bayerische Staatszeitung und die Amtsblätter der Staatsministerien) werden den staatlichen Behörden, die zu ihrem Bezug verpflichtet und zur Verrechnung der Bezugsgebühr auf die Staatskasse berechtigt sind, von Amts wegen als Verlagsstücke angewiesen, ohne daß es einer Bestellung bei der Post bedarf und Kosten zu ersetzen sind. Alle anderen amtlichen Verkündungsblätter, z. B. das Reichsgesetzblatt, das Reichsarbeitsblatt usw., Sammlungen von Entscheidungen, Zeitungen mit Ausnahme der Bayerischen Staatszeitung, Zeitschriften usw., sind regelmäßig von den Behörden selbst zu bestellen und zu bezahlen.

II Soweit die Behörden die Posteingänge täglich durch ihr Personal bei der Postanstalt abholen lassen, sind auch die amtlichen Verkündungsblätter und die Zeitungen und Zeitschriften als „Abholstücke" zu bestellen. Nur wenn dies nicht möglich ist, dürfen für die Zustellung die Dienste der Post in Anspruch genommen und die erwachsenen Zustellgebühren verrechnet werden.

III Wenn die zugewiesene Stückzahl der amtlichen bayerischen Verkündungsblätter auch bei tunlichster Sparsamkeit dem dienstlichen Bedürfnis nicht genügt oder wenn sonst Änderungen in der Einweisung der amtlichen bayerischen Verkündungsblätter notwendig werden, ist Antrag an das vorgesetzte Staatsministerium zu stellen, der folgende Angaben zu enthalten hat:

1. Postanstalt ....
2. Bestellende Behörde ....
3. Zahl der Stücke bisher bezogen künftig benötigt

	bisher bezogen	künftig benötigt
a) GVBl.	....	....
b) JMBl.	....	....
c) KMBl.	....	....
d) FMBl.	....	....
e) Bayer. StZtg.	....	....

4. Die Blätter können als „Abholstücke" eingewiesen werden. Die Blätter müssen zugestellt werden. (Nichtzutreffendes ist zu durchstreichen.)
5. Aus welchen besonderen Gründen ist die Zustellung nötig?
   ....

IV Die Sonderdrucke aus dem Bayerischen Staatsanzeiger sind nicht bei den Postanstalten, sondern beim Verlag der Bayerischen Staatszeitung zu bestellen. Dieser weist sie für den Besteller als Verlagsstücke bei der Post ein. Die Behörden haben die jeweils geltende Bezugsgebühr für die Sonderdrucke und außerdem, wenn die Sonderdrucke nicht an der Post abgeholt werden, die Zustellungsgebühr auf das Postscheckkonto 6197 des Verlags der Bayerischen Staatszeitung in München einzusenden.

V Den Behörden in München steht es frei, die Bayerische Staatszeitung und die Sonderdrucke aus dem Bayerischen Staatsanzeiger ohne Vermittlung der Post zu beziehen. In diesem Fall ist dem vorgesetzten Staatsministerium zu berichten, wieviel Stücke der Bayerischen Staatszeitung unmittelbar bezogen werden.

1. Die in den postalischen Teil der Allgemeinen Dienstordnung aufgenommenen Bestimmungen über den Bezug der amtlichen Verkündungsblätter stammen aus den Ministerialbekanntmachungen über den Bezug der amtlichen Verkündungsblätter vom 5. und 18. Dezember 1923 (unten § 62 Abs. II Ziff. 175 und 177).

Zu den zum Bezug Verpflichteten gehören z. B. nicht die Notariate, soweit sie nicht für Rechnung des Staates geführt werden.

2. Wegen der Reklamierung ausgebliebener Blätter s. § 16 Abs. I Satz 2.

Abschnitt E: Schlußbestimmungen.

Vollzug.

§ 61.

I Den Amtsvorständen und den Dienstaufsichtsbehörden wird zur Pflicht gemacht, dem Vollzug der Allgemeinen Dienstordnung dauernd ihre Aufmerksamkeit zu widmen und fortgesetzt auf Verbesserungen des Dienstbetriebs hinzuwirken.

II Die in der Dienstordnung für die Staatsbehörden und deren Vorstände getroffenen Anordnungen gelten auch für die sonstigen staatlichen Dienststellen und deren Leiter, soweit nichts anderes bestimmt ist. Die für die Beamten getroffenen Bestimmungen gelten auch für die staatlichen Angestellten sowie für die Staatsdienstanwärter und die übrigen im staatlichen Vorbereitungsdienst stehenden Personen.

Das fortgesetzte Bestreben nach Verbesserung des Dienstbetriebs kann auch zur Aufstellung ergänzender Bestimmungen zur Allgemeinen Dienstordnung führen, wozu nach § 1 Abs. II die Amtsvorstände und die Dienstaufsichtsbehörden zuständig sind.

Inkrafttreten. Aufhebung von Vorschriften.

§ 62.

I Die Allgemeine Dienstordnung für die Staatsbehörden tritt sofort in Kraft.

II Aufgehoben werden folgende Vorschriften:

1. die Verordnung, die Korrespondenz der Behörden mit den im Auslande bestehenden königlichen Missionen betr., vom 7. August 1807 (RegBl. Sp. 1332),
2. die Verordnung, Geschäftsvereinfachung bei der inneren Verwaltung betr., vom 29. Dezember 1836 (RegBl. Sp. 1029),
3. die Entschließung des Staatsministeriums des Innern, die Benützung des Staatstelegraphen zu amtlichen Depeschen betr., vom 22. November 1850 (Verordnungensammlung von Döllinger 28 S. 768),
4. die Entschließung der Staatsministerien der Justiz und des Innern, die Benützung der Telegraphen in Rechts-

und Polizeiangelegenheiten betr., vom 18. April 1853 (JMBl. a. F. 1863 S. 206),

5. die Entschließung des Staatsministeriums der Justiz, die unmittelbare Korrespondenz bayerischer Behörden mit den k. Gesandtschaften und Konsulaten, dann mit auswärtigen Behörden betr., vom 27. Juni 1854 (Verordnungensammlung von Döllinger 32 S. 385, Zeitschrift für Gesetzgebung und Rechtspflege I S. 309),
6. die Entschließung des Staatsministeriums des Innern gleichen Betreffs vom 5. Juli 1854 (Verordnungensammlung von Döllinger 32 S. 385),
7 die Entschließung der Staatsministerien der Justiz und des Innern, die Benützung der Telegraphen in Rechts- und Polizeiangelegenheiten betr., vom 8. Juli 1856 (JMBl. a. F. 1863 S. 208),
8. die Entschließung des Staatsministeriums der Finanzen, die Benützung des Staatstelegraphen durch die k. Gerichts- und Polizeibehörden betr., vom 23. März 1859 (Geret'sche Verordnungssammlung 31 S. 162),
9. die Entschließung des Staatsministeriums des Innern beider Abteilungen, dann des Handels und der öffentlichen Arbeiten, den Geschäftsgang bei den Bezirksämtern, hier die Zulassung schriftlicher, nicht legalisierter Eingaben in Gegenständen der inneren Verwaltung betr., vom 22. Dezember 1863 (Mfr. KrABl. 1864 Sp. 20),
10. die Entschließung des Staatsministeriums des Innern, die Wartlokale der Bezirksämter betr., vom 27. Januar 1865 Nr. 4442,
11. die Entschließung des Staatsministeriums der Finanzen, die Versendung amtlicher Pakete betr., vom 11. März 1865 (FMBl. S. 2),
12. die Entschließung des Staatsministeriums der Justiz, die Verpackung amtlicher Fahrpostsendungen betr., vom 24. März 1865 (JMBl. a. F. S. 42),
13. die Entschließung des Staatsministeriums des Innern, den unmittelbaren Verkehr zwischen auswärtigen Gesandtschaften und den k. bayerischen Stellen und Behörden betr., vom 14. Dezember 1865 (Mfr. KrABl. Sp. 1823),
14. die Entschließung des Staatsministeriums des Innern

für Kirchen- und Schulangelegenheiten gleichen Betreffs vom 21. Dezember 1865 (KMBl. 1866 S. 1),

15. die Entschließung des Staatsministeriums der Finanzen gleichen Betreffs vom 12. Januar 1866 (FMBl. S. 3),
16. die Entschließung des Staatsministeriums der Justiz gleichen Betreffs vom 17. Januar 1866 (JMBl. S. 17),
17. die Entschließung des Staatsministeriums des K. Hauses und des Äußern, dann des Innern, Geschäftsvereinfachung betr., vom 14. Oktober 1868 (Schw. KrABl. Sp. 1822),
18. die Entschließung des Staatsministeriums der Justiz, die Verpackung amtlicher Sendungen betr., vom 29. April 1869 (JMBl. a. F. S. 117),
19. die Entschließung des Staatsministeriums des Innern für Kirchen- und Schulangelegenheiten, die Anweisung für die Fassung amtlicher Telegramme betr., vom 14. Juni 1869 (KMBl. S. 146),
20. die Entschließung des Staatsministeriums des Innern für Kirchen- und Schulangelegenheiten gleichen Betreffs vom 28. Juni 1869 (KMBl. S. 182),
21. die Entschließung des Staatsministeriums des Innern, die Führung von Postaufgabebüchern betr., vom 21. Dezember 1871 (MABl. 1876 S. 163),
22. die Entschließung des Staatsministeriums der Finanzen, die Ausführung der Postgesetze, hier die Taxbehandlung portopflichtiger Dienstsachen betr., vom 16. Januar 1872 (FMBl. S. 12),
23. die Entschließung des Staatsministeriums der Finanzen, die Führung der Postaufgabebücher betr., vom 18. Januar 1872 (FMBl. S. 13),
24. die Entschließung des Staatsministeriums des Innern für Kirchen- und Schulangelegenheiten gleichen Betreffs vom 5. Februar 1872 (KMBl. S. 44),
25. die Entschließung des Staatsministeriums der Justiz gleichen Betreffs vom 12. Februar 1872 (JMBl. a. F. S. 66),
26. die Entschließung des Staatsministeriums des Innern, die Anschaffung autographischer Vervielfältigungspressen betr., vom 11. April 1872 Nr. 5064,
27. die Entschließung der Staatsministerien des K. Hauses

und des Äußern, des Innern beider Abteilungen und der Finanzen, den Geschäftsgang bei den Kreisregierungen betr., vom 1. Dezember 1872 (MABl. S. 157, FMBl. S. 387),

28. die Bekanntmachung des Staatsministeriums der Justiz, Bestimmungen über die gebührenfreie Beförderung telegraphischer Depeschen im Deutschen Reiche betr., vom 21. Dezember 1872 (JMBl. a. F. S. 309),
29. die Entschließung des Staatsministeriums des Innern für Kirchen- und Schulangelegenheiten, die Vereinfachung des Geschäftsganges betr., vom 21. Dezember 1872 (KMBl. S. 499),
30. die Entschließung des Staatsministeriums des Innern, den Postverkehr mit Österreich-Ungarn betr., vom 13. Februar 1873 (MABl. S. 324),
31. die Entschließung des Staatsministeriums der Finanzen, die Verpackung amtlicher Sendungen betr., vom 26. April 1873 (Mfr. KrABl. Sp. 653),
32. die Entschließung des Staatsministeriums der Justiz, die Abgabe amtlicher Blätter betr., vom 27. April 1873 (JMBl. a. F. S. 87),
33. die Entschließung des Staatsministeriums des Innern gleichen Betreffs vom 29. April 1873 (MABl. S. 414),
34. die Entschließung des Staatsministeriums der Finanzen gleichen Betreffs vom 29. April 1873 (FMBl. S. 85),
35. die Entschließung des Staatsministeriums des Innern, die Verpackung amtlicher Sendungen betr., vom 29. April 1873 (MABl. S. 413),
36. die Entschließung des Staatsministeriums der Justiz gleichen Betreffs vom 2. Mai 1873 (JMBl. a. F. S. 90),
37. die Entschließung des Staatsministeriums des Innern für Kirchen und Schulangelegenheiten gleichen Betreffs vom 13. Mai 1873 (KMBl. S. 153),
38. die Entschließung des Staatsministeriums des Innern für Kirchen- und Schulangelegenheiten, die Abgabe amtlicher Blätter betr., vom 13. Mai 1873 (KMBl. S. 154),
39. die Bekanntmachung des Staatsministeriums des K. Hauses und des Äußern, die Behandlung portopflichtiger Dienstsachen betr., vom 24. September 1873 (RegBl. Sp. 1489),

40. die Entschließung des Staatsministeriums des Innern, die Behandlung portopflichtiger Korrespondenz bayerischer Behörden mit Behörden anderer deutscher Bundesstaaten betr., vom 25. Oktober 1873 (MABl. 1872/73 S. 553),
41. die Bekanntmachung des Staatsministeriums des K. Hauses und des Äußern, die Behandlung portopflichtiger Dienstsendungen betr., vom 11. November 1873 (RegBl. Sp. 1593),
42. die Entschließung des Staatsministeriums des Innern für Kirchen- und Schulangelegenheiten gleichen Betreffs vom 14. November 1873 (KMBl. S. 429),
43. die Entschließung des Staatsministeriums der Finanzen, die Behandlung portopflichtiger Dienstsachen betr., vom 19. November 1873 (FMBl. S. 186),
44. die Bekanntmachung des Staatsministeriums der Justiz gleichen Betreffs vom 23. November 1873 (JMBl. a. F. S. 205),
45. die Entschließung des Staatsministeriums des Innern, die Behandlung portopflichtiger Dienstsendungen betr., vom 23. November 1873 (MABl. S. 603),
46. die Entschließung des Staatsministeriums des Innern, Ausscheidung der Tagesliteratur bei den Bezirksämtern betr., vom 23. Februar 1874 (MABl. S. 125, FMBl. S. 65),
47. die Entschließung des Staatsministeriums der Finanzen, das summar. Kartierungsverfahren, hier die Postpaketadressen zu amtlichen Sendungen betr., vom 22. März 1874 (FMBl. S. 96),
48. die Entschließung des Staatsministeriums des Innern, die Postpaketadressen zu amtlichen Sendungen betr., vom 30. März 1874 (MABl. S. 231),
49. die Entschließung des Staatsministeriums des Innern, Vereinfachung des schriftlichen dienstlichen Verkehrs betr., vom 22. April 1874 (MABl. S. 255),
50. die Entschließung des Staatsministeriums der Finanzen gleichen Betreffs vom 30. April 1874 (FMBl. S. 141),
51. die Entschließung des Staatsministeriums der Justiz gleichen Betreffs vom 15. Mai 1874 (JMBl. a. F. S. 139),
52. die Entschließung des Staatsministeriums des Innern,

die Einsendung von Akten an das Staatsministerium des Innern betr., vom 14. Oktober 1874 (MABl. S. 429),

53. die Entschließung der Staatsministerien des K. Hauses und des Äußern, der Justiz und des Innern, Korrespondenz mit französischen Polizeibehörden betr., vom 10. März 1875 (JMBl. a. F. S. 71, MABl. S. 132),

54. die Entschließung des Staatsministeriums der Justiz, die Postaufgabebücher betr., vom 27. Dezember 1875 (JMBl. a. F. S. 375),

55. die Entschließung des Staatsministeriums des Innern für Kirchen- und Schulangelegenheiten gleichen Betreffs vom 27. Dezember 1875 (KMBl. S. 516),

56. die Entschließung des Staatsministeriums des Innern gleichen Betreffs vom 28. Dezember 1875 (MABl. S. 781),

57. die Entschließung des Staatsministeriums der Finanzen gleichen Betreffs vom 29. Dezember 1875 (FMBl. S. 412),

58. die Entschließung des Staatsministeriums der Finanzen, die Führung der Postaufgabebücher betr., vom 4. April 1876 (FMBl. S. 94),

59. die Entschließung des Staatsministeriums der Justiz gleichen Betreffs vom 5. April 1876 (JMBl. a. F. S. 183),

60. die Entschließung des Staatsministeriums des Innern gleichen Betreffs vom 7. April 1876 (MABl. S. 163),

61. die Entschließung des Staatsministeriums des Innern für Kirchen- und Schulangelegenheiten gleichen Betreffs vom 10. April 1876 (KMBl. S. 115),

62. die Entschließung des Staatsministeriums des Innern, die Korrespondenz mit großherzoglich badischen Gemeindebehörden betr., vom 23. April 1876 (MABl. S. 206, KMBl. S. 149, FMBl. S. 125; KrMVBl. S. 287),

63. die Entschließung des Staatsministeriums des Innern, Portofreiheit der Straßenwärter betr., vom 17. November 1876 (MABl. S. 473),

64. die Bekanntmachung des Staatsministeriums der Justiz, die Korrespondenz mit den Gesandtschaften und Konsulaten des Deutschen Reiches betr., vom 23. November 1876 (JMBl. a. F. S. 341),

65. die Entschließung des Staatsministeriums des Innern, den Verkehr mit Gesandtschaften und Konsulaten betr., vom 26. November 1876 (MABl. S. 507),

66. die Entschließung des Staatsministeriums des Innern gleichen Betreffs vom 19. Januar 1877 (MABl. S. 29),
67. die Bekanntmachung der Staatsministerien des K. Hauses und des Äußern, der Justiz, des Innern beider Abteilungen, der Finanzen und des Kriegsministeriums, das Papierformat im antlichen Verkehre betr., vom 12. April 1877 (GVBl. S. 141, JMBl. a. F. S. 65, MABl. S. 157, KMBl. S. 175, FMBl. S. 247, KrMVBl. S. 175),
68. die Entschließung des Staatsministeriums des Innern, Geschäftsverkehr mit den transleithanischen Stellen und Behörden der österreich-ungarischen Monarchie betr., vom 3. Januar 1878 (MABl. S. 11),
69. die Bekanntmachung des Staatsministeriums des K. Hauses und des Äußern, die Behandlung der portopflichtigen Korrespondenz zwischen den bayerischen und schweizerischen Behörden betr., vom 3. Februar 1878 (GVBl. S. 47, MABl. S. 38),
70. die Entschließung des Staatsministeriums des Innern, die Visitationen und Extraditionen der Distriktspolizeibehörden, hier Aktenausscheidung betr., vom 25. Januar 1879 Nr. 1314,
71. die Entschließung des Staatsministeriums des Innern, unmittelbare Korrespondenz mit auswärtigen Behörden betr., vom 15. April 1879 (MABl. S. 163),
72. die Bekanntmachung des Staatsministeriums des Innern für Kirchen- und Schulangelegenheiten, den Schriftwechsel mit der Regierung der Reichslande betr., vom 3. März 1880 (KMBl. S. 59),
73. die Entschließung des Staatsministeriums des K. Hauses und des Äußern, Telegraphengebühren für beförderte Staatstelegramme im internationalen Verkehre betr., vom 9. Mai 1882 (MABl. S. 165, FMBl. S. 155, KrMVBl. S. 214),
74. die Entschließung des Staatsministeriums des Innern, das Reichsgesetzblatt betr., vom 29. Dezember 1882 (MABl. 1883 S. 3),
75. die Entschließung des Staatsministeriums der Finanzen gleichen Betreffs vom 4. Januar 1883 (FMBl. S. 16),

76. die Entschließung des Staatsministeriums der Finanzen, die Führung der Postaufgabebücher betr., vom 22. März 1883 (FMBl. S. 84),
77. die Bekanntmachung der Staatsministerien des K. Hauses und des Äußern, der Justiz, des Innern beider Abteilungen, der Finanzen und des Kriegsministeriums, die Einführung der Dezimalteilung beim Papierhandel betr., vom 23. April 1883 (GVBl. S. 382, JMBl. a. F. S. 215, MABl. S. 217, KMBl. S. 111, FMBl. S. 141, KrMVBl. S. 159),
78. die Bekanntmachung der Staatsministerien des K. Hauses und des Äußern, der Justiz, des Innern, des Innern für Kirchen- und Schulangelegenheiten, der Finanzen und des Kriegsministeriums, die Anfertigung von Dienstsiegeln für königliche Behörden und Ämter betr., vom 1. August 1883 (GVBl. S. 399, KrMVBl. S. 303),
79. die Bekanntmachung der Staatsministerien des K. Hauses und des Äußern, der Justiz, des Innern beider Abteilungen, der Finanzen und des Kriegsministeriums, die Einführung von Papier-Normalformaten betr., vom 31. August 1884 (GVBl. S. 449, JMBl. a. F. S. 170, KrMVBl. S. 337),
80. die Entschließung des Staatsministeriums des Innern, die Abgabe der Formulare zu Postzustellungsurkunden an die K. Bezirksämter betr., vom 2. August 1885 (MABl. S. 211),
81. die Entschließung des Staatsministeriums des Innern, Formulare für Heimatscheine, hier Portofreiheit für die Einsendung der Gebühren hiefür betr., vom 18. Dezember 1885 (MABl. 1886 S. 1),
82. die Entschließung des Staatsministeriums des Innern für Kirchen- und Schulangelegenheiten, die Benützung der Staatstelegraphen zur amtlichen Korrespondenz betr., vom 6. Februar 1886 (KMBl. S. 33),
83. die Entschließung des Staatsministeriums des K. Hauses und des Äußern, die Benützung der Staatstelegraphen zur amtlichen Korrespondenz betr., vom 15. Februar 1886 (MABl. S. 51),
84. die Entschließung des Staatsministeriums des Innern, die Bezeichnung portopflichtiger Dienstsachen betr., vom

2. April 1886 (MABl. S. 83, KMBl. S. 148, FMBl. S. 307),

85. die Entschließung des Staatsministeriums des Innern über den Verkehr der k. Stellen und Behörden mit ausländischen Konsulaten vom 16. Juli 1886 Nr. 9433,

86. die Entschließung des Staatsministeriums des Innern, gebührenfreie Benützung der telephonischen Verbindungen zwischen getrennten Telephonanlagen seitens der Behörden betr., vom 21. Januar 1887 (MABl. S. 35),

87. die Entschließung des Staatsministeriums des Innern für Kirchen- und Schulangelegenheiten, gebührenfreie Benützung der telephonischen Verbindungen zwischen getrennten Telephonanlagen seitens der Behörden betr., vom 7. Februar 1887 (KMBl. S. 41),

88. die Entschließung der Staatsministerien des Innern beider Abteilungen, die Portofreiheit der Gemeinden und Stiftungen betr., vom 29. März 1887 (MABl. S. 137, KMBl. S. 91),

89. die Entschließung des Staatsministeriums des Innern, die Protokollierung von Beschwerden der Arbeiter in Unfallversicherungssachen betr., vom 13. Mai 1887 (MABl. S. 191),

90. die Entschließung des Staatsministeriums der Finanzen, die Führung der Postaufgabebücher betr., vom 27. Mai 1887 (FMBl. S. 152),

91. die Entschließung des Staatsministeriums des Innern, Vollzug des Bauunfallversicherungsgesetzes, hier Postportofreiheit betr., vom 4. Mai 1888 (MABl. S. 159),

92. die Entschließung des Staatsministeriums des Innern, Vollzug der Unfallversicherungsgesetze, hier Portobehandlung betr., vom 26. April 1889 (MABl. S. 145),

93. die Bekanntmachung der Staatsministerien der Justiz, des Innern und der Finanzen, die Kosten für Anschaffung der Postaufgabebücher betr., vom 2. August 1892 (JMBl. a. F. S. 208, MABl. S. 356, FMBl. S. 171),

94. die Bekanntmachung der Staatsministerien des Innern beider Abteilungen, Portopflicht in Forstbetriebssachen betr., vom 29. Oktober 1892 (MABl. S. 485, KMBl. S. 329, FMBl. S. 260),

95. die Entschließung der Staatsministerien des K. Hauses

und des Äußern, der Justiz und des Innern, Korrespondenz mit französischen Polizeibehörden betr., vom 25. Juli 1895 (MABl. S. 424),

96. die Entschließung des Staatsministeriums des Innern, die Anschaffung von Druckschriften aus Regiemitteln betr., vom 11. Februar 1896 (MABl. S. 49),

97. die Entschließung der Staatsministerien des Innern und des Innern für Kirchen- und Schulangelegenheiten, die Portofreiheit der Gemeinden und Stiftungen betr., vom 14. Mai 1897 (MABl. S. 161),

98. die Entschließung des Staatsministeriums des K. Hauses und des Äußern, Portofreiheit für die Versendung der Bezüge aus dem kaiserlichen Dispositionsfonds betr., vom 27. Februar 1898 (FMBl. S. 159),

99. die Entschließung der Staatsministerien des Innern beider Abteilungen, Portofreiheit der Gemeinden und Stiftungen betr., vom 22. November 1899 (MABl. S. 637, KMBl. S. 649),

100. die Bekanntmachung des Staatsministeriums des Innern, die vereinfachte Zustellung betr., vom 3. Januar 1900 (MABl. S. 12),

101. die Bekanntmachung des Staatsministeriums der Justiz, die Anweisung der Generaldirektion der KB. Posten und Telegraphen zur postdienstlichen Behandlung der Schreiben mit Zustellungsurkunde betr., vom 31. Januar 1900 (JMBl. a. F. S. 503),

102. die Entschließung des Staatsministeriums der Finanzen, Zahlungen aus den Staatskassen an auswärtige Empfangsberechtigte im Postanweisungsverkehr betr., vom 13. Juni 1900 (FMBl. S. 308),

103. die Entscheidung des Staatsministeriums des Innern für Kirchen und Schulangelegenheiten gleichen Betreffs vom 11. Juli 1900 (KMBl. S. 252),

104. die Bekanntmachung des Staatsministeriums der Justiz gleichen Betreffs vom 12. Juli 1900 (JMBl. a. F. S. 1018),

105. die Entschließung des Staatsministeriums des Innern gleichen Betreffs vom 14. Juli 1900 (MABl. S. 458),

106. die Bekanntmachung der Staatsministerien des K. Hauses und des Äußern, der Justiz, des Innern beider Abteilun-

gen und der Finanzen, die Beflaggung und Schmückung der Zivilstaatsgebäude betr., vom 31. Juli 1900 (JMBl. a. F. S. 1119, MABl. S. 477, KMBl. S. 305, FMBl. S. 346, VBl. d. VA. S. 495),

107. die Entschließung der Staatsministerien des Innern und der Finanzen gleichen Betreffs vom 10. August 1900 Nr. 130 B. F.,

108. die Entschließung des Staatsministeriums der Finanzen, Zahlungen aus Staatskassen an auswärtige Empfangsberechtigte im Postanweisungsverkehre betr., vom 30. Dezember 1900 (MABl. 1901 S. 7, FMBl. 1900 S. 489),

109. die Bekanntmachung des Staatsministeriums der Justiz gleichen Betreffs vom 10. Februar 1901 (JMBl. a. F. S. 257),

110. die Entschließung des Staatsministeriums des Innern für Kirchen- und Schulangelegenheiten gleichen Betreffs vom 27. Februar 1901 (KMBl. S. 109),

111. die Bekanntmachung der Staatsministerien des K. Hauses und des Äußern, der Justiz, des Innern beider Abteilungen, dann der Finanzen, die Vereinfachung des dienstlichen Verkehrs betr. vom 28. April 1901 (GVBl. S. 379),

112. die Bekanntmachung der Staatsministerien des K. Hauses und des Äußern, der Justiz, des Innern beider Abteilungen, dann der Finanzen und des Kriegsministeriums, den dienstlichen Verkehr betr., vom 28. April 1901 (GVBl. S. 393),

113. die Entschließung des Staatsministeriums des Innern, den Telephonfernverkehr betr., vom 22. Juli 1901 (MABl. S. 373),

114. die Entschließung des Staatsministeriums des Innern, Portofreiheit der mittelbaren Behörden betr., vom 17. April 1902 (MABl. S. 163),

115. die Bekanntmachung des Staatsministeriums des Innern für Kirchen- und Schulangelegenheiten, Gebührenfreiheit der Telegramme betr., vom 17. Oktober 1902 (KMBl. S. 448),

116. die Entschließung des Staatsministeriums des Innern, Gebührenfreiheit der Telegramme betr., vom 20. Oktober 1902 (MABl. S. 514),

117. die Bekanntmachung der Staatsministerien des K. Hauses und des Äußern, der Justiz, des Innern beider Abteilungen, der Finanzen und des Kriegsministeriums, einheitliche Gestaltung der deutschen Rechtschreibung betr., vom 30. Dezember 1902 (GVBl. 1903 S. 3, JMBl. a. F. S. 1109, MABl. 1903 S. 1, KMBl. 1903 S. 4, FMBl. 1903 S. 1, KrMVBl. 1903 S. 1),
118. die Bekanntmachung des Staatsministeriums des Innern, das Verfahren bei polizeilichen Strafverfügungen betr., vom 13. Juni 1904 (MABl. S. 267),
119. die Entschließung des Staatsministeriums des K. Hauses und des Äußern, betr. die Vergebung der Druckaufträge des Staats an tariftreue Druckereien vom 4. Februar 1905 Nr. 2170/II,
120. die Entschließung des Staatsministeriums des Innern gleichen Betreffs vom 16. Februar 1905 Nr. 2930,
121. die Entschließung des Staatsministeriums des Innern, betr. Vollzug der Bauunfallversicherungsgesetze, hier Postportofreiheit, vom 6. Mai 1905 (MABl. S. 171),
122. die Bekanntmachung der Staatsministerien der Justiz, des Innern und der Finanzen, die Einziehung und Erstattung von Portoauslagen betr., vom 1. März 1906 (JMBl. a. F. S. 52, MABl. S. 146, FMBl. S. 129),
123. die Entschließung des Staatsministeriums des Innern, betr. Übertragung von amtlichen Druckarbeiten, hier Formblätter, vom 18. Juli 1906 Nr. 14736,
124. die Entschließung des Staatsministeriums des Innern, betr. Geschäftsvereinfachung bei den Behörden der inneren Verwaltung, vom 9. Juli 1907 (MABl. S. 347),
125. die Bekanntmachung des Staatsministeriums des Innern, gestundete Gebühren für gebührenpflichtige Staatstelegramme betr., vom 24. September 1907 (MABl. S. 465),
126. die Bekanntmachung sämtlicher Staatsministerien, den Vollzug des Gesetzes über die Postportofreiheit vom 22. Dezember 1907, ferner der K. Allerhöchsten Verordnung über die Postportofreiheit und die Vergünstigungen im Telegramm- und Telephonverkehr vom gleichen Tage betr., vom 25. Dezember 1907 (GVBl. S. 1085),

127. die Entschließung des Staatsministeriums des Innern, den amtlichen Telephonverkehr betr., vom 24. März 1908 (MABl. S. 166),
128. die Entschließung des Staatsministeriums des Innern, betr. die Vergebung von Druckaufträgen seitens des Staats an tariftreue Druckereien, vom 29. Juli 1908 Nr. 14319,
129. die Bekanntmachung des Staatsministeriums des Innern, Bescheinigungsbuch für amtliche Blätter betr., vom 16. November 1908 (MABl. S. 604),
130. die Entschließung des Staatsministeriums des Innern, Portopflicht von Pflichtanzeigen über Krankheits- und Todesfälle betr., vom 24. Februar 1909 (MABl. S. 214),
131. die Entschließung des Staatsministeriums des Innern, Portoablösung, hier Verkehr der Gemeinden mit den Konsulaten fremder Staaten betr., vom 14. Juli 1909 (MABl. S. 585),
132. die Entschließung des Staatsministeriums des Innern, Behandlung von Eingaben betr., vom 27. Januar 1910 (MABl. S. 118),
133. die Bekanntmachung der Staatsministerien des K. Hauses und des Äußern, der Justiz, des Innern beider Abteilungen und der Finanzen, Detailreisen und Hausieren in Amtsräumen betr., vom 1. Juni 1910 (JMBl. n. F. Bd. I S. 108, MABl. S. 386),
134. die Entschließung des Staatsministeriums des Innern, Portopflicht von Pflichtanzeigen über Krankheits- und Todesfälle betr., vom 7. Juni 1911 (MABl. S. 403),
135. die Entschließung des Staatsministeriums des Innern, Geschäftsgang und Geschäftsvereinfachung betr., vom 17. Juni 1911 (MABl. S. 418),
136. die Bekanntmachung sämtlicher Zivilstaatsministerien, den Postversand behördlicher Schreiben an Handwerker betr., vom 20. Oktober 1911 (JMBl. a. F. S. 378 — hier Nr. 260 —, MABl. S. 795, KMBl. S. 788 — hier Nr. 290 —, FMBl. S. 613),
137. die Entschließung des Staatsministeriums des Innern, betr. Vergebung der staatlichen Druckaufträge, vom 27. Februar 1912 Nr. 1202 a 4,
138. die Entschließung des Staatsministeriums des Innern,

den amtlichen Telephonverkehr betr., vom 16. April 1913 (MABl. S. 347),

139. die Bekanntmachung des Staatsministeriums des K. Hauses und des Äußern, Briefsendungen in das Ausland betr., vom 1. Oktober 1915 (StAnz. Nr. 234),

140. die Entschließung des Staatsministeriums des Innern für Kirchen- und Schulangelegenheiten, Behandlung der gebührenfreien Staatstelegramme betr., vom 20. November 1915 (KMBl. S. 233),

141. die Entschließung des Staatsministeriums des Innern, betr. Behandlung der gebührenfreien Staatstelegramme vom 29. November 1915 (MABl. S. 299),

142. die Entschließung des Staatsministeriums der Finanzen, Behandlung gebührenfreier Staatstelegramme betr., vom 30. November 1915 (FMBl. S. 316),

143. die Bekanntmachung der Staatsministerien des K. Hauses und des Äußern, der Justiz, des Innern, des Innern für Kirchen- und Schulangelegenheiten, der Finanzen und für Verkehrsangelegenheiten, Verwendung deutscher Schreibfedern usw. betr., vom 11. Februar 1916 (StAnz. Nr. 42, MABl., Kriegsbeilage S. 296, KMBl. S. 15, FMBl. S. 27),

144. die Bekanntmachung des Staatsministeriums des Innern, betr. Briefsendungen von Behörden in das Ausland, vom 5. April 1916 (MABl. S. 50),

145. die Entschließung der Staatsministerien des Innern beider Abteilungen, betr. Dienstwertzeichen, vom 3. Oktober 1916 (MABl. S. 199, KMBl. S. 327),

146. die Entschließung des Staatsministeriums der Finanzen, Dienstwertzeichen betr., vom 23. Oktober 1916 (FMBl. S. 169),

147. die Bekanntmachung des Staatsministeriums des Innern, betr. die Verwendung von Dienstwertzeichen durch Gemeindebehörden vom 27. Oktober 1916 (MABl. S. 216),

148. die Bekanntmachung der Staatsministerien des K. Hauses und des Äußern, der Justiz, des Innern, des Innern für Kirchen- und Schulangelegenheiten, der Finanzen, für Verkehrsangelegenheiten und des Kriegsministeriums, Buchhändlerrabatt für Behörden betr., vom 2. April 1917 (MABl. S. 67, KMBl. S. 65, FMBl. S. 79),

149. die Bekanntmachung sämtlicher Zivilstaatsministerien über die Schreibmaschinenfarbbänder der Staatsbehörden vom 4. August 1918 (StAnz. Nr. 184),
150. die Bekanntmachung sämtlicher Ministerien, betr. Verkehr mit Geschäftsreisenden, vom 13. September 1919 (StAnz. Nr. 242, MABl. S. 233),
151. die Bekanntmachung sämtlicher Staatsministerien über die Vergebung behördlicher Druckaufträge vom 16. Januar 1920 (StAnz. Nr. 21),
152. die Bekanntmachung sämtlicher Staatsministerien, betr. Barfrankierung, vom 21. Januar 1920 (StAnz. Nr. 22, MABl. S. 12, FMBl. S. 35),
153. die Entschließung des Staatsministeriums der Finanzen über Verkauf von Einstampfpapier vom 5. März 1920 Nr. 7268,
154. die Bekanntmachung sämtlicher Staatsministerien über die Vergebung behördlicher Druckaufträge vom 25. Mai 1920 (StAnz. Nr. 123),
155. die Bekanntmachung sämtlicher Staatsministerien, betr. Barfrankierung, vom 2. Januar 1921 (StAnz. Nr. 5, FMBl. S. 2),
156. die Bekanntmachung sämtlicher Staatsministerien, betr. die Versicherung von Postwertsendungen durch die staatlichen Behörden und Kassen vom 25. Februar 1921 (StAnz. Nr. 67),
157. die Bekanntmachung des Staatsministeriums des Innern, betr. die Verwendung von Dienstwertzeichen durch Gemeindebehörden vom 1. März 1921 (MABl. S. 32),
158. die Bekanntmachung des Staatsministeriums für Soziale Fürsorge, betr. Einhaltung des Dienstwegs, vom 26. April 1921 (MABl. S. 91),
159. die Bekanntmachung des Staatsministeriums der Finanzen, die Dienstwertzeichen im amtlichen Verkehre betr., vom 27. Juni 1921 (StAnz. Nr. 162),
160. die Bekanntmachung sämtlicher Staatsministerien, betr. die Dienstwertzeichen für den amtlichen Verkehr, vom 11. August 1921 (StAnz. Nr. 193),
161. die Bekanntmachung des Staatsministeriums der Finanzen, betr. die Versicherung des bayerischen Staates

gegen Personen- und Sachschäden, vom 24. September 1921 (StAnz. Nr. 225, FMBl. S. 189),

162. die Bekanntmachung des Staatsministeriums der Finanzen über die Einsparung von Portokosten vom 27. November 1921 (StAnz. Nr. 279, MABl. S. 208),

163. die Entschließung des Staatsministeriums des Innern, betr. Vergebung behördlicher Druckaufträge, vom 13. Januar 1922 (StAnz. Nr. 13),

164. die Bekanntmachung sämtlicher Staatsministerien über anonyme Schreiben vom 7. März 1922 (StAnz. Nr. 57, GVBl. S. 202),

165. die Bekanntmachung sämtlicher Staatsministerien über die Verwertung der aus Staatsmitteln gehaltenen politischen Tageszeitungen vom 22. März 1922 (StAnz. Nr. 71, JMBl. n. F. Bd. II S. 151, MABl. S. 82, FMBl. S. 22),

166. die Entschließung des Staatsministeriums der Finanzen, Ausgaben für Geschäftsbedürfnisse betr., vom 15. April 1922 Nr. 24991,

167. die Bekanntmachung sämtlicher Staatsministerien über die Schreibmaschinenfarbbänder der Staatsbehörden vom 26. Mai 1922 (StAnz. Nr. 138),

168. die Bekanntmachung sämtlicher Staatsministerien über Angabe von Fernsprechnummern vom 30. Mai 1922 (GVBl. S. 331),

169. die Bekanntmachung des Staatsministeriums der Finanzen über die Barfrankierung vom 21. Dezember 1922 (StAnz. Nr. 301),

170. die Bekanntmachung sämtlicher Staatsministerien über die Einführung einheitlicher Papierformate vom 9. Januar 1923 (StAnz. Nr. 10),

171. die Bekanntmachung des Staatsministeriums der Finanzen über Dienstwertzeichen vom 2. Februar 1923 (StAnz. Nr. 30),

172. die Bekanntmachung des Staatsministeriums der Finanzen über Ersparung von Kosten für Geschäftsbedürfnisse und von Postgebühren vom 11. April 1923 (StAnz. Nr. 88),

173. die Entschließung des Staatsministeriums des Innern über die Auslegung des Art. 7 des Ausführungsgesetzes

zur Reichsstrafprozeßordnung vom 13. April 1923 (MABl. S. 27),

174. die Entschließung des Staatsministeriums des Äußern über Auskunft an fremde Konsulate und ausländische Behörden vom 23. Juni 1923 Nr. 19063,

175. die Bekanntmachung sämtlicher Staatsministerien über den Bezug der amtlichen Verkündungsblätter durch die staatlichen Behörden vom 5. Dezember 1923 (StAnz. Nr. 282),

176. die Entschließung des Staatsministeriums für Landwirtschaft, betr. Bezug der Bayerischen Staatszeitung, vom 7. Dezember 1923 Nr. 364 c 46,

177. die Bekanntmachung des Staatsministeriums des Innern über den Bezug der amtlichen Verkündungsblätter vom 18. Dezember 1923 (StAnz. Nr. 293),

178. die Entschließung sämtlicher Staatsministerien, betr. Hausierhandel mit Papier- und Schreibwaren, vom 7. Mai 1924 (StAnz. Nr. 109),

179. die Bekanntmachung der sämtlichen Staatsministerien über die Haftung der Vorstände von Behörden und staatlichen Anstalten bei Diebstählen vom 24. Juni 1924 (StAnz. Nr. 149, FMBl. n. F. Bd. II S. 246),

180. die Bekanntmachung des Staatsministeriums der Finanzen, betr. das Tragen politischer Abzeichen durch Beamte im Dienst, vom 1. August 1924 (StAnz. Nr. 178),

181. die Bekanntmachung des Staatsministeriums der Finanzen über die Verwendung von Dienstwertzeichen vom 28. Januar 1925 (StAnz. Nr. 29),

182. die Bekanntmachung des Staatsministeriums der Finanzen über die Einrichtung und Benützung von Fernsprechanschlüssen in den Diensträumen und den Wohnungen von Beamten und Angestellten des Staates vom 16. Februar 1925 (StAnz. Nr. 40, FMBl. S. 3),

183. die Bekanntmachung des Staatsministeriums des Innern über Dienstsiegel vom 4. Juli 1925 (StAnz. Nr. 152),

184. die Entschließung des Staatsministeriums des Innern über die Bezeichnung der Behörden vom 17. Juli 1926 Nr. 3008 b 29,

185. die Bekanntmachung sämtlicher Staatsministerien über

die Farbbänder der Schreibmaschinen vom 26. Juli 1926 (StAnz. Nr. 170),

186. die Bekanntmachung sämtlicher Staatsministerien über die Behandlung von Dienstaufsichtsbeschwerden vom 15. Oktober 1926 (StAnz. Nr. 240),
187. die Bekanntmachung sämtlicher Staatsministerien über die Papierbeschaffung der bayerischen Staatsbehörden vom 29. Januar 1927 und die Ausführungsanweisung zu dieser Bekanntmachung (StAnz. Nr. 32),
188. die Bekanntmachung sämtlicher Staatsministerien über Verbot des Warenhandels in den Diensträumen und während der Dienststunden vom 5. Februar 1927 (StAnz. Nr. 30),
189. die Entschließung sämtlicher Staatsministerien über amtliche Briefumschläge vom 14. Juli 1927 (StAnz. Nr. 160),
190. die Entschließung sämtlicher Staatsministerien über amtliche Briefumschläge vom 1. Oktober 1927 (StAnz. Nr. 226),
191. die Entschließung des Staatsministeriums für Soziale Fürsorge über den Verkehr mit der Reichsanstalt für Arbeitsvermittlung und Arbeitslosenversicherung vom 7. Juli 1928 (StAnz. Nr. 158),
192. die Bekanntmachung des Staatsministeriums der Finanzen über die Errichtung und Benützung von Fernsprechanschlüssen in den Diensträumen und den Wohnungen von Beamten und Angestellten des Staates vom 10. August 1928 (StAnz. Nr. 186, FMBl. S. 35),
193. die Entschließung sämtlicher Staatsministerien über amtliche Briefumschläge vom 21. September 1928 (StAnz. Nr. 220),
194. die Entschließung der Staatsministerien des Äußern und des Innern über den unmittelbaren Verkehr mit den deutschen Konsulaten vom 31. Januar 1929 (MABl. S. 9),
195. die Bekanntmachung sämtlicher Staatsministerien über den Bezug von Dienstsiegeln, Siegelmarken und Amtsschablonen vom 18. Juli 1929 (MABl. S. 111),
196. die Bekanntmachung sämtlicher Staatsministerien über die Postanschrift der Behörden vom 24. Januar 1931 (StAnz. Nr. 22),

197. die Bekanntmachung des Staatsministeriums der Finanzen über die Einrichtung und Benützung von Fernsprechanschlüssen in den Diensträumen und den Wohnungen von Beamten und Angestellten des Staats vom 21. März 1931 (StAnz. Nr. 69, FMBl. S. 31),
198. die Bekanntmachung sämtlicher Staatsministerien über die Verwendung von Dienstmarken vom 1. April 1931 (StAnz. Nr. 77),
199. die Bekanntmachung sämtlicher Staatsministerien über bevorzugte Abfertigung Schwerbeschädigter, Schwerunfallverletzter und Schwerbesatzungsbeschädigter vor Amtsstellen vom 17. Juli 1931 (GVBl. S. 197).

III Soweit in anderen Vorschriften auf Bestimmungen verwiesen ist, die durch die Allgemeine Dienstordnung ersetzt werden, treten an die Stelle dieser Bestimmungen die entsprechenden der Allgemeinen Dienstordnung.

IV Auf die Notariate finden die Vorschriften der Allgemeinen Dienstordnung nur insoweit Anwendung, als dies besonders angeordnet ist.

München, 12. Januar 1933.

Dr. Held. Spangenberger, Staatsrat. Dr. Stützel.
Dr. Goldenberger. Schäffer, Staatsrat.

Anlage 1.

Vorschriften für die Prüfung und Lieferung des Papiers und für die Verwendung der Papiersorten.

I. Papiereinteilung.

Die Papiere sind nach Stoffzusammensetzung (A) und Festigkeit (B) in Verwendungsklassen (C) eingeteilt.

A. Stoff.

I Papiere nur aus Hadern (Leinen, Hanf, Baumwolle, Ramie),

II Papiere aus Hadern mit höchstens 50 v. H. Zellstoff, aber ohne verholzte Fasern.

III Papiere von beliebiger Zusammensetzung, aber ohne verholzte Fasern,

IV Papiere mit verholzten Fasern.

Aschengehalt aller Papiere beliebig. Jedes Papier muß eine seinem Verwendungszweck entsprechende Leimfestigkeit besitzen.

B. Festigkeit.

Festigkeit	Mittlere Reißlänge m	Mittlere Zahl der Doppelfalzungen
1	6 000	400
2	5 000	250
3	4 000	80
4	3 000	40
5	2 000	20
6	1 000	3

Reißlänge und Doppelfalzungen (nach Schopper) werden bei 65 v. H. Luftfeuchtigkeit ermittelt. Der Berechnung der Reißlänge wird das Gewicht der Probestreifen bei 65 v. H. Luftfeuchtigkeit zugrunde gelegt. Reißlänge und Falzzahl dürfen bis 10 v. H. unterschritten werden. Die Reißlänge drückt in Metern diejenige Länge eines freihängend gedachten Papierstreifens aus, bei der er durch sein eigenes Gewicht reißen würde.

Unter Doppelfalzungen versteht man die Zahl der Kniffungen, die ein Papierstreifen von 15 mm Breite an ein und derselben Kniffungsstelle bei gleichzeitig auf ihn einwirkender Zugspannung bis zum Bruch an der Kniffungsstelle aushält.

	Klasse	Verwendungszweck	Stoff	Festigkeit		Bogengröße Formate nach Din 476		Gewicht [1])			Wasserzeichen
				Reißlänge m	Doppelfalzungen	Kurzzeichen	mm	für 1000 Bogen kg	für 1 qm g	zulässige Abweichungen v. H.	
Schreibpapiere	1	Papier für dauernd aufzubewahrende, besonders wichtige Urkunden	I	6000	400	A 3	297×420	12,5	100	2,5	mit
		Papier für Grundbücher, Standesamtsregister, Geschäftsbücher und ähnliche wichtige Zwecke [2])									
	2a	erste Sorte	I	5000	250	A 3	297×420	12,5	100	2,5	mit
	2b	zweite Sorte (weiß)	I	4000	80	A 3	297×420	11,2	90	2,5	mit
	3	Aktenpapier, erste Sorte									
		Kanzleipapier	II	4000	80	A 3	297×420	11,2	90	2,5	mit
		Schreibmaschinenpapier	II	4000	80	A 4	297×420	3,1	50	2,5	mit
		Aktenpapier, zweite Sorte									
	4a	Kanzleipapier	III	3000	40	A 3	297×420	10	80	2,5	mit
		Schreibmaschinendurchschlagpapier	III	2000	20	A 4	297×210	1,9	30	2,5	—
	4b	Konzeptpapier	III	3000	40	A 3	297×420	10	80	2,5	mit
	6a	Schreibpapier für untergeordnete Zwecke	—	2000	20	A 3	297×420	10	80	2,5	—
	6b	Papier des tägl. Verbrauchs	—	1000	3	A 3	297×420	8,7	70	2,5	—
	6c	desgleichen	—	1000	3	A 3	297×420	7,5	60	2,5	—
Druckpapiere		Druckpapier									
	8a	für sehr wichtige, länger als 10 Jahre aufzubewahrende Drucksachen	I	3000	40	—	—	—	—	2,5	mit
	8b	für weniger wichtige Drucksachen	III	3000	40	—	—	—	—	2,5	—
	8c	für untergeordnete Zwecke des tägl. Verbrauches	—	2000	20	—	—	—	—	2,5	—
	8d	desgleichen	—	1000	3	—	—	—	—	2,5	—
Hüllpapiere		Briefumschlag- u. Packpapier									
	5a	Briefumschläge, erste Sorte: Kleinere bis zur Größe 125×176 mm (B 6)	—	3000	40	—	—	—	60	4	—
		Größere und Umschläge für Wertsendungen	—	4000	80	—	—	—	110	4	—
		Packpapier, erste Sorte	—	4000	80	—	—	—	130	4	—
	5b	Briefumschläge, zweite Sorte: Kleinere bis zur Größe 125×176 mm (B 6)	—	2000	20	—	—	—	60	4	—
		Größere	—	2000	20	—	—	—	110	4	—
		Packpapier, zweite Sorte	—	2000	20	—	—	—	110	4	—
		Aktendeckel									
	7a	für viel gebrauchte Akten	III	3000	—	C 3	324×458	71,2	480	4	—
	7b	für andere Akten	III	2000	—	C 3	324×458	37,1	250	4	—

[1]) Die Riesumhüllung (das zum Verpacken von 1000 Bogen verwendete Umschlagpapier) wird bei der Gewichtsfeststellung mitgerechnet.

[2]) Für Grundbücher usw. können nach Anordnung des zuständigen Staatsministeriums auch andere Bogengrößen in Din-Format unter Einhaltung der vorgeschriebenen Stoff- und Festigkeitsklasse sowie des Einheitsgewichts verwendet werden. Für die Größenverhältnisse der standesamtlichen Register, Auszüge und Scheine gelten die reichsrechtlichen Vorschriften und die hiezu getroffenen Anordnungen.

II. Wasserzeichen.

a) Die Papiere der Verwendungsklasse 1 bis 4 b und 8 a, mit Ausnahme des Schreibmaschinen-Durchschlagpapiers 4 a, müssen mit einem auf dem Siebe hergestellten Wasserzeichen versehen sein. Das Wasserzeichen hat die Firma des Herstellers sowie neben dem Wort „Normal" das Zeichen der Verwendungsklasse zu enthalten. Außerdem darf eine Jahreszahl sowie ein Zeichen zur Kennzeichnung der Fertigung beigefügt sein. Die Firma darf nicht so abgekürzt werden, daß Zweifel über den Ursprung des Papiers entstehen können. Das Wasserzeichen muß in jedem Bogen der Größe A 3 einmal, in kleineren Bogen teilweise vorhanden sein.

b) Für den amtlichen Gebrauch dürfen nur solche Papiere der Klassen 1—4 b und 8 a verwendet werden, deren Wasserzeichen bei einem der bayerischen Papierprüfämter (Papierprüfamt der Technischen Hochschule in München und Papierprüfamt der Bayer. Landesgewerbeanstalt in Nürnberg) oder einem anderen deutschen Materialprüfungsamt eingetragen sind. Die eingetragenen Wasserzeichen werden im Deutschen Reichs- und im Bayerischen Staatsanzeiger bekannt gemacht. Ein Verzeichnis kann von einem der bayerischen Papierprüfämter bezogen werden.

c) Die Stellen, die an untergeordnete Behörden Papier ausgeben, haben von Zeit zu Zeit festzustellen, ob diese Behörden auch das dem Verwendungszweck entsprechende gelieferte Normalpapier mit eingetragenem Wasserzeichen verwenden.

III. Papierprüfung.

a) Bevor eine Behörde für sich oder andere Dienststellen Papier bestellt, hat sie sich, wenn es sich nicht um einmalige kleine Lieferungen handelt, Proben jeder Papiersorte geben zu lassen, die für die äußere Beschaffenheit (Aussehen, Glätte, Griff usw.) des Papiers maßgebend sind. Die Behörde hat das gelieferte Papier auf äußere Beschaffenheit, Gewicht und Bogengröße zu prüfen.

b) Die Prüfung auf Stoffzusammensetzung, Festigkeit und Leimung erfolgt durch die Papierprüfämter der Technischen Hochschule in München und der Bayer. Landesgewerbeanstalt in Nürnberg. Wenn die jährliche Bestellung den Wert von 2000 RM erreicht, muß in jedem Rechnungsjahr mindestens einmal Prüfung des Papiers durch ein Papierprüfamt veranlaßt werden. Behörden mit geringerem Papierbedarf können diese Prüfung alle drei Jahre vornehmen lassen, sie können dazu von aufsichtswegen angehalten werden. Wenn Papier der Verwendungsklassen 1—4 b und 8 a von einer Sammelstelle besorgt wird, ist es stets durch ein Papierprüfamt prüfen zu lassen.

Das Papier ist auch dann der Prüfung zuzuführen, wenn der Lieferer Papier für andere Behörden geliefert hat und seine Lieferung auf Veranlassung dieser Behörden geprüft und für gut befunden worden ist. Bei Ausschreibung und Angebot von Papierlieferungen sind Prüfungszeugnisse, Zeugnisabschriften usw. weder zu verlangen noch überhaupt zuzulassen.

Die gelegentliche Prüfung auch der Papiere der Verwendungsklasse 5 a, 5 b (Briefumschlag- und Packpapier) und 7 a, 7 b (Aktendeckel) sowie der Klassen 6 a, 6 b, 6 c und 8 d (Schreib- und Druckpapier für untergeordnete Zwecke) bleibt dem Ermessen der Behörden überlassen.

c) Die an ein Papierprüfamt zur Prüfung zu sendenden Sorten müssen aus 10 Proben bestehen. Diese sind sogleich nach der Lieferung und vor Ingebrauchnahme des Papiers (etwaiger Kopfaufdruck oder Formularvordruck gilt nicht als Ingebrauchnahme) einzeln aus verschiedenen Stellen der Lieferung und aus Paketen, die noch nicht geöffnet waren, bei größeren Lieferungen aus mindestens fünf Paketen, zu entnehmen. Sie sind zwischen steife Deckel zu verpacken, wenn sie geknifft werden, muß die ungeknifftе Fläche mindestens 297 × 210 mm groß bleiben.

d) Die Papierprüfämter bescheinigen, ob das Papier die Bedingungen für die Stoffzusammensetzung, Festigkeit und Leimung erfüllt. Verneinendenfalls geben sie an, inwieweit dies nicht zutrifft.

Die von den Staatsbehörden zu entrichtende ermäßigte Prüfungsgebühr beträgt 24 *RM* für die ausführliche, 10 *RM* für die abgekürzte Untersuchung.

Genügt das Papier den Anforderungen, so hat die Behörde, andernfalls der Lieferer die Prüfungsgebühr zu zahlen.

Die Papierprüfämter können den Papierfabriken, deren Wasserzeichen eingetragen sind, auf Antrag gegen Erstattung der Kosten die Ergebnisse der von Behörden veranlaßten Prüfungen ihrer Papiere mitteilen.

e) Papier, das nach dem Befund der Behörde (Ziff. 3 a) oder nach dem Prüfungsergebnis (3 d) den Bedingungen nicht genügt, ist zurückzuweisen; nur ausnahmsweise darf derartiges Papier für Zwecke der Klasse verwendet werden, deren Anforderungen es nach der Prüfung entspricht.

f) Die Behörden sind berechtigt, eine Fabrik, von der sie wiederholt nicht vorschriftsmäßiges Papier geliefert erhalten haben, von weiteren Lieferungen auszuschließen. Die Ausschließung hat sich auf alle Erzeugnisse der Fabrik zu erstrecken. Sie ist unter Darlegung der Gründe dem vorgesetzten Staatsministerium anzuzeigen; dieses benachrichtigt das Staatsministerium des Äußern, für Wirtschaft und Arbeit.

Hat ein Papierprüfamt bei den im Auftrage von Behörden vorgenommenen Prüfungen der Erzeugnisse einer Fabrik im Lauf eines Jahres mehrfach grobe Verstöße festgestellt, so verwarnt es die Fabrik. Als grobe Verstöße gelten Abweichungen von der vorgeschriebenen Stoffzusammensetzung und Festigkeit, die bei achtsamer Fertigung und gewissenhafter Prüfung der Ware vor Abgang aus der Fabrik hätten erkannt werden müssen.

Bleibt die Verwarnung erfolglos, so kann die Fabrik durch Streichung ihres Wasserzeichens in dem amtlichen Verzeichnis von ferneren Lieferungen für Staatsbehörden ausgeschlossen werden. Die Löschung des Wasserzeichens wird im Staatsanzeiger bekanntgegeben.

Nach Ablauf von zwei Jahren kann die Fabrik unter Vorlage von Proben ihres Papiers bei einem Papierprüfamt die Wiedereintragung ihres Wasserzeichens beantragen.

IV. Lieferungsbedingungen.

Die Behörden dürfen für Stoff, Festigkeit und Gewicht des Papiers keine anderen Lieferungsbedingungen vorschreiben, als den Verwendungsklassen (oben C) entspricht.

In allen schriftlichen Lieferungsverträgen und bei mündlicher Bestellung ist auszubedingen, daß sich der Lieferer diesen „Vorschriften" unterwirft. Sie sind jedem Lieferungsvertrag anzuheften und können von den Papierprüfämtern bezogen werden.

Anlage 2.

Vergütung für die Benützung dienstlicher Fernsprechanschlüsse in Wohnungen zu Privatgesprächen.

Die Wohnungsinhaber haben, solange sie nicht auf Dienstpflicht die schriftliche Erklärung abgeben, daß die dienstlichen Fernsprechanschlüsse nicht für private Zwecke benützt werden,

I. folgende monatliche Kostenbeiträge zu entrichten:

a) 4 *RM* für einen Fernsprechhauptanschluß,

b) 3 *RM* für einen Fernsprechnebenanschluß mit Dauerverbindung — d. h. für einen Nebenanschluß, von dem aus nach Schluß der Dienststunden der Behörde Gespräche über das Fernsprechamt geführt werden können —,

c) 2 *RM* für sonstige Nebenanschlüsse,

d) 0,50 *RM* für zwei Anschlußdosen bei Hauptanschlüssen,
0,30 *RM* für zwei Anschlußdosen bei Nebenanschlüssen,

e) für besondere Einrichtungen die von dem zuständigen Staatsministerium im Einvernehmen mit dem Staatsministerium der Finanzen festgesetzten Beiträge;

II. folgende Gebühren der Staatskasse zu erstatten:

1. A. Gebühren für Ortsgespräche, und zwar

a) für Fernsprechhauptanschlüsse, die für den Anschluß von der Deutschen Reichspost in Rechnung gestellten Ortsgesprächsgebühren, soweit sie den Betrag für 40 Ortsgespräche im Monat (Dienst- und Privatgespräche) übersteigen; wenn der Wohnungsinhaber den Nachweis erbringt, daß er mehr als 40 dienstliche Ortsgespräche hat führen müssen, so ist ein entsprechend geringerer Betrag für Ortsgesprächsgebühren zu erheben;

b) für Fernsprechnebenanschlüsse in Höhe eines Betrags, der von der Behörde nach der Zahl der monatlich im Durchschnitt über die Zahl von 40 Gesprächen hinaus geführten Ortsgespräche festgesetzt wird; die Durchschnittszahl der hienach der Bemessung dieses Betrags zugrunde zu legenden Ortsgespräche wird auf Grund von Zählungen, die auf Anordnung der Behörde von Zeit zu Zeit wiederholt werden, ermittelt; wenn der Wohnungsinhaber nachweist, daß er im Durchschnitt mehr als 40 dienstliche Ortsgespräche von seinem Nebenanschluß aus führen muß, so wird bei der Festsetzung des monatlichen Betrags eine entsprechend größere Zahl von Dienstgesprächen berücksichtigt; wenn die Zählungen in der Vermittlungsstelle der Behörde nicht durchgeführt werden können, wird der Wohnungsinhaber mit den Zählungen beauftragt; er hat die Richtigkeit der Zählungen auf Dienstpflicht zu bestätigen;

B. Gebühren für private Fern-, Vororts- und Bezirksgespräche sowie für Privattelegramme.

Die unter I genannten Beträge sind stets für volle Monate zu entrichten; dies gilt auch, wenn der Wohnungsinhaber im Laufe des Monats auf die weitere Benützung des dienstlichen Fernsprechanschlusses für private Zwecke verzichtet. Wird jedoch der Fernsprechanschluß erst im Laufe eines Monats neu eingerichtet, so werden die Beiträge nur anteilig für die Zeit von der Fertigstellung ab erhoben.

Anlage 3.

Abkürzungsverzeichnis.

Vorbemerkungen:

Bei der Anführung allgemein bekannter Gesetze, Verordnungen usw. wird der Tag und der Fundort in der Regel nicht angegeben. Erscheint die Angabe des Tags und des Fundorts (z. B. des Reichsgesetzblatts, Gesetz- und Verordnungsblatts) zweckmäßig, so ist der Jahrgang des Fundorts (des Gesetzblatts usw.) nur dann anzuführen, wenn er von der Jahreszahl der Rechtsquelle verschieden ist, z. B. Gesetz über die Einführung bayerischer Gesetze in den vormals coburgischen Landesteilen vom 10. Dezember 1921 (GVBl. 1922 S. 7).

Das Aktenzeichen von Gesetzen, Verordnungen usw. wird nur angegeben, wenn es zur Vermeidung von Verwechslungen geboten ist.

Amtliche Verkündungsblätter sind nach Jahrgang und Seite, Entscheidungssammlungen nach Bandzahl und Seite, Zeitschriften, wenn sich Jahrgang und Kalenderjahr decken, nach Jahrgang und Seite, sonst nach Bandzahl und Seite anzuführen, z. B.

GVBl. 1920 S. 195 (= Gesetz- und Verordnungsblatt für den Freistaat Bayern, 1920, Seite 195);

RGZ. 54, 128 (= Entscheidungen des Reichsgerichts in Zivilsachen, 54. Band, Seite 128), aber, wenn mehrere Entscheidungen des gleichen Bandes angeführt werden: RGZ. 54 S. 85, 143;

VGH. 48, 18 (= Sammlung von Entscheidungen des Bayerischen Verwaltungsgerichtshofs, 48. Band, Jahrgang 1927, Seite 18);

DJZ. 1927 S. 281 (= Deutsche Juristen-Zeitung, 32. Jahrgang, 1927, Seite 281);

ArchÖffR. 51, 161 (= Archiv des öffentlichen Rechts, der ganzen Folge 51. Band, 1927, S. 161).

Das Reichsgesetzblatt wird seit 1922 nach Teil I oder II angeführt, z. B. RGBl. 1923 I S. 115 (= Reichsgesetzblatt 1923, Teil I, Seite 115).

Ein Gesetz usw. als Ganzes wird nur nach seiner ersten Seite angegeben. Bei Abhandlungen, Kommentaren u. dgl. ist zur Erleichterung der Auffindung der angeführten Stelle der nähere Fundort zu bezeichnen.

Die Gesetzesabkürzung wird der Bezeichnung des Paragraphen oder Artikels nachgestellt, z. B. § 276 BGB., nicht BGB. § 276.

Abkürzungen werden nicht gebeugt, z. B. Geltung des PStGB. nicht des PStGB.'s.

Ein Punkt wird bei Gesetzesbezeichnungen nur an den Schluß der Abkürzung gesetzt, z. B. AGBGB.

A.

a. A.	= am Anfang.
a. a. O.	= am angeführten Ort.
Abg.	= Abgeordneter.
Abk.	= Abkommen.
ABl.	= Amtsblatt.
AbmG.	= Abmarkungsgesetz.
Abs.	= Absatz.
Abschn.	= Abschnitt.
Abt.	= Abteilung.
ADO.	= Allgemeine Dienstordnung.
a. E.	= am Ende.
a. F.	— alte Fassung.
AG.	= Aktiengesellschaft.
AG.	= Amtsgericht.
AG.	= Ausführungsgesetz.
AGBGB.	= Ausführungsgesetz zum Bürgerlichen Gesetzbuch.
AGGBO.	= Ausführungsgesetz zur Grundbuchordnung und zu dem Gesetz über die Zwangsversteigerung und Zwangsverwaltung.
AGGVG.	= Ausführungsgesetz zum Gerichtsverfassungsgesetz.
AGRVO.	= Ausführungsgesetz zur Reichsversicherungsordnung.
AGStPO.	= Ausführungsgesetz zur Strafprozeßordnung.
AGZPO.	= Ausführungsgesetz zur Zivilprozeßordnung und Konkursordnung.
amtl.	= amtlich.
AN.	= Amtliche Nachrichten des Reichsversicherungsamts.
AnfG.	= Gesetz betr. die Anfechtung von Rechtshandlungen eines Schuldners außerhalb des Konkursverfahrens.
AngVers.	= Angestelltenversicherung, Zeitschrift „Die Angestelltenversicherung".
Anh.	= Anhang.
Anl.	= Anlage.
Anm.	= Anmerkung.
AnnDR.	= Annalen des Deutschen Reichs.
AnstellGrunds.	= Grundsätze für die Inhaber eines Versorgungsscheins (Anstellungsgrundsätze).
Antr.	= Antrag.
Anw.	= Anweisung.
AOKK.	= Allgemeine Ortskrankenkasse.
ArbGG.	= Arbeitsgerichtsgesetz.
ArbO.	= Arbeitsordnung.
ArbRspr.	= Rechtsprechung in Arbeitssachen, Grundsätzliche Entscheidungen des Reichsarbeitsgerichts, der Landesarbeitsgerichte und der Arbeitsgerichte.
ArbVersorg.	= „Arbeiterversorgung", Zeitschrift für die gesamte Sozialversicherung im Deutschen Reich.
ArbZV.	= Arbeitszeitverordnung.

Arch.	= Archiv.
ArchBürgR.	= Archiv für bürgerliches Recht.
ArchÖffR.	= Archiv des öffentlichen Rechts.
ArchVerwR.	= Archiv für Verwaltungsrecht.
ArchZivPr.	= Archiv für Zivilistische Praxis.
Art.	= Artikel.
AufG.	= Aufenthaltsgesetz.
Aufl.	= Auflage (Zahl mit arabischer Ziffer).
AufwErgG.	= Gesetz über die Verzinsung aufgewerteter Hypotheken und ihre Umwandlung in Grundschulden sowie über Vorzugsrenten (Aufwertungsergänzungsgesetz).
AufwG.	= Aufwertungsgesetz.
AusfAnw.	= Ausführungsanweisung.
AusfBest.	= Ausführungsbestimmung(en).
AusfV.	= Ausführungsverordnung.
AusfVorschr.	= Ausführungsvorschriften.
Aussch.	= Ausschuß.
AuswA.	= Auswärtiges Amt.
AVAVG.	= Gesetz über Arbeitsvermittlung und Arbeitslosenversicherung.
AVG.	= Angestelltenversicherungsgesetz.

B.

BAH.	= Bundesamt für das Heimatwesen, Entscheidungen des Bundesamts für das Heimatwesen (mit Band- und Seitenzahl).
BauO.	= Bauordnung.
Bay.	= bayerisch, Bayern.
BayBürgerm.	= Der Bayerische Bürgermeister.
BayFürsBl.	= Bayerische Fürsorgeblätter.
BayGemVZ.	= Bayerische Gemeinde- und Verwaltungszeitung.
BayGemZ.	= Bayerische Gemeindezeitung.
BayNotV.	= Mitteilungen des Bayerischen Notar-Vereins.
BayNotZ.	= Zeitschrift für das Notariat, für die freiwillige Gerichtsbarkeit und das Grundbuchwesen in Bayern.
BayObGerH.	= Bayerischer Oberster Gerichtshof.
BayObLG.	= Bayerisches Oberstes Landesgericht.
BayObLGSt.	= Sammlung von Entscheidungen des Bayerischen Obersten Landesgerichts in Strafsachen.
BayObLGZ.	= Sammlung von Entscheidungen des Bayerischen Obersten Landesgerichts in Zivilsachen.
BayPolBl.	= Bayerisches Polizeiblatt.
BayVerwBl.	= Bayerische Verwaltungsblätter.
BayZ.	= Zeitschrift für Rechtspflege in Bayern.
BBesG.	= Beamtenbesoldungsgesetz.
Bd.	= Band.
Begr.	= Begründung.
Beil.	= Beilage.

BeilBd.	=	Beilagenband.
Bek.	=	Bekanntmachung.
Bem.	=	Bemerkung.
Ber.	=	Bericht.
Beſchl.	=	Beſchluß.
BeſO.	=	Beſoldungsordnung.
Beſt.	=	Beſtimmung(en).
betr.	=	betreffend.
BetrRG.	=	Betriebsrätegeſetz.
bez.	=	bezüglich.
Bez.	=	Bezirk.
BezA.	=	Bezirksamt.
BezABl.	=	Bezirksamtsblatt.
BezFürſVerb.	=	Bezirksfürſorgeverband.
BezO.	=	Bezirksordnung.
BezPolB.	=	Bezirkspolizeibehörde.
BezVerwB.	=	Bezirksverwaltungsbehörde.
BG.	=	Beamtengeſetz.
BGB.	=	Bürgerliches Geſetzbuch.
BGBl.	=	Bundesgeſetzblatt.
Biſch.	=	biſchöflich.
Bl.	=	Blatt, Blätter.
BlAdmPr.	=	Blätter für adminiſtrative Praxis.
BlÖffFürſ.	=	Blätter für öffentliche Fürſorge und Soziale Verſicherung.
BrandVG.	=	Brandverſicherungsgeſetz.
BRV.	=	Bundesratsverordnung.
Buchſt.	=	Buchſtabe.

D.

DAnw.	=	Dienſtanweiſung.
DampfkRB.	=	Reichskanzlerbekanntmachung über die Anlegung von Land- und Schiffsdampfkeſſeln.
DampfkV.	=	Verordnung über die Anlegung und den Betrieb von Dampfkeſſeln und Dampfgefäßen.
Denkſchr.	=	Denkſchrift.
DepoſitG.	=	Geſetz über Depot- und Depoſitengeſchäfte.
DepotG.	=	Geſetz betr. die Pflichten der Kaufleute bei Aufbewahrung fremder Wertpapiere.
dgl.	=	dergleichen.
d. h.	=	das heißt.
DiſzG.	=	Diſziplinargericht.
DJT.	=	Verhandlungen des Deutſchen Juriſtentages.
DJZ.	=	Deutſche Juriſtenzeitung.
DKBl.	=	Deutſches Kriminalpolizeiblatt.
DNotV.	=	Zeitſchrift des Deutſchen Notariatsvereins.
DO.	=	Dienſtordnung.
Döllinger	=	Verordnungenſammlung von Döllinger.
DReichsbGeſ.	=	Deutſche Reichsbahngeſellſchaft.

DReichsbGesGrB. = Deutsche Reichsbahngesellschaft, Gruppenverwaltung Bayern.
DReichsbHV. = Deutsche Reichsbahngesellschaft = Hauptverwaltung.
DRP. = Deutsches Reichspatent.
DrucksLT. = Drucksachen des Landtags.
DrucksRT. = Drucksachen des Reichstags.
DurchfBest. = Durchführungsbestimmungen.
DurchfV. = Durchführungsverordnung.
DV. = Dienstvorschrift.
DVfG. = Dienstvorschrift für die Gendarmerie.

E.

EG. = Einführungsgesetz.
EGBGB. = Einführungsgesetz zum Bürgerlichen Gesetzbuch.
EGGVG. = Einführungsgesetz zum Gerichtsverfassungsgesetz.
EGHGB. = Einführungsgesetz zum Handelsgesetzbuch.
EGKO. = Einführungsgesetz zur Konkursordnung.
EGRVO. = Einführungsgesetz zur Reichsversicherungsordnung.
EGStGB. = Einführungsgesetz zum Strafgesetzbuch.
EGStPO. = Einführungsgesetz zur Strafprozeßordnung.
EGZPO. = Einführungsgesetz zur Zivilprozeßordnung.
EGZVG. = Einführungsgesetz zum Gesetz über die Zwangsversteigerung und Zwangsverwaltung.
EichGebO. = Eichgebührenordnung.
EinkStG. = Einkommensteuergesetz.
Entsch. = Entscheidung(en).
Entschl. = Entschließung.
entspr. = entsprechend.
Entw. = Entwurf.
ErbStG. = Erbschaftssteuergesetz.
ErgBd. = Ergänzungsband.
Erl. = Erlaß.
ev. = evangelisch.
evluth. = evangelisch-lutherisch.

F.

FAG. = Finanzausgleichgesetz.
FGG. = Gesetz über die Angelegenheiten der freiwilligen Gerichtsbarkeit.
FinA. = Finanzamt.
FinG. = Finanzgesetz.
FischG. = Fischereigesetz.
FleischbG. = Gesetz über Schlachtvieh- und Fleischbeschau.
FlurbG. = Flurbereinigungsgesetz.
FMBl. = Finanzministerialblatt.
FormV. = Formationsverordnung.
FreizügG. = Freizügigkeitsgesetz.
FürsG. = Bayerisches Fürsorgegesetz.

G.

G.	= Gesetz, z. B. BankG. = Bankgesetz.
GAG.	= Gemeindeabgabengesetz.
GBl.	= Gesetzblatt.
GBO.	= Grundbuchordnung.
GDS.	= gebührenpflichtige Dienstsache.
Geb.	= Gebühr.
GebO.	= Gebührenordnung.
GebOGerVollz.	= Gebührenordnung für Gerichtsvollzieher.
GebORA.	= Gebührenordnung für Rechtsanwälte.
GebOZeug.	= Gebührenordnung für Zeugen und Sachverständige.
Gem.	= Gemeinde.
GemRat.	= Gemeinderat.
GenG.	= Gesetz betr. die Erwerbs- und Wirtschaftsgenossenschaften.
GerVollzO.	= Gerichtsvollzieherordnung.
Ges.	= Gesellschaft.
GeschAnw.	= Geschäftsanweisung.
GeschlKrG.	= Gesetz zur Bekämpfung der Geschlechtskrankheiten.
GeschO.	= Geschäftsordnung.
GewArch.	= Gewerbearchiv.
GewG.	= Gesetz über das Gewerbewesen.
GewO.	= Gewerbeordnung für das Deutsche Reich.
GewOVollzV.	= Bayerische Verordnung, den Vollzug der Reichsgewerbeordnung betreffend.
GewStG.	= Gewerbsteuergesetz.
GKG.	= Gerichtskostengesetz.
GmbHG.	= Gesetz betr. die Gesellschaften mit beschränkter Haftung.
GMG.	= Gesetz betr. den Schutz von Gebrauchsmustern.
GO.	= Gemeindeordnung.
g. R., G. R.	= gegen Rückgabe.
GrErwStG.	= Grunderwerbsteuergesetz.
GrStG.	= Grundsteuergesetz.
GV.	= Generalversammlung.
GVBl.	= Bayerisches Gesetz- und Verordnungsblatt.
GVG.	= Gerichtsverfassungsgesetz.
GWO.	= Wahlordnung für die Gemeinde-, Bezirks- und Kreiswahlen.

H.

HaftpflG.	= Gesetz, betr. die Verbindlichkeiten zum Schadensersatz für die bei dem Betriebe von Eisenbahnen, Bergwerken usw. herbeigeführten Tötungen und Körperverletzungen.
HagelVG.	= Hagelversicherungsgesetz.
HausarbG.	= Hausarbeitsgesetz.
HausStG.	= Haussteuergesetz.

Hdb. = Handbuch.
HGB. = Handelsgesetzbuch.
HypBG. = Hypothekenbankgesetz.

I.

I. A. = im Auftrage.
i. d. F. = in der Fassung.
int. = international.
I. V. = in Vertretung.

J.

Jahrb. = Jahrbuch.
Jahrg. = Jahrgang.
JAG. = Jugendamtsgesetz.
JGG. = Jugendgerichtsgesetz.
JMBl. = Justizministerialblatt.
JurRdsch. = Juristische Rundschau.
JW. = Juristische Wochenschrift.
JWG. = Jugendwohlfahrtsgesetz.

K.

K. = königlich.
Kais. = kaiserlich.
Kap. = Kapitel.
KapVerkStG. = Kapitalverkehrssteuergesetz.
kath. = katholisch.
K. d. J. = Kammer des Innern.
K. d. F. = Kammer der Forsten.
K. g. = Kenntnis genommen.
KG. = Kostengesetz.
KindSchG. = Kinderschutzgesetz (Reichsgesetz betr. Kinderarbeit in gewerblichen Betrieben).
KirchGO. = Kirchengemeindeordnung.
KK. = Krankenkasse.
KMBl. = Amtsblatt des Staatsministeriums für Unterricht und Kultus.
KO. = Konkursordnung.
Kollmann. = Vorschriftensammlung von Dr. Kollmann.
Komm. = Kommentar.
KommBer. = Kommissionsbericht.
KompGH. = Kompetenzgerichtshof, Entscheidungen des Gerichtshofs für Kompetenzkonflikte.
KompKonflG. = Gesetz, die Entscheidung der Kompetenzkonflikte zwischen den Gerichten und den Verwaltungsbehörden oder dem Verwaltungsgerichtshofe betreffend.
KonsGG. = Gesetz über die Konsulargerichtsbarkeit.

Konv.	=	Konvention.
KörG.	=	Gesetz über die Haltung und Körung der Bullen, Eber, Ziegenböcke und Schafböcke.
KörpStG.	=	Körperschaftssteuergesetz.
KrABl.	=	Kreisamtsblatt.
KraftfBek.	=	Bekanntmachung über Kraftfahrzeugverkehr.
KraftfG.	=	Gesetz über den Verkehr mit Kraftfahrzeugen.
KraftfLinG.	=	Gesetz über Kraftfahrzeuglinien.
KraftfLinV.	=	Kraftfahrlinienverordnung.
KraftfStG.	=	Kraftfahrzeugsteuergesetz.
KraftfVerkV.	=	Verordnung über den Kraftfahrzeugverkehr.
KrHFürsSt.	=	Kreishauptfürsorgestelle für Kriegsbeschädigte und Kriegshinterbliebene.
KrO.	=	Kreisordnung.
KunstUG.	=	Gesetz betreffend das Urheberrecht an Werken der bildenden Künste und der Photographie.

L.

LebMittG.	=	Gesetz über den Verkehr mit Lebensmitteln und Bedarfsgegenständen (Lebensmittelgesetz).
Lehrb.	=	Lehrbuch.
LeipzZ.	=	Leipziger Zeitschrift für deutsches Recht.
LFA.	=	Landesfinanzamt.
LFürsVerb.	=	Landesfürsorgeverband.
LG.	=	Landgericht.
LHFürsSt.	=	Landeshauptfürsorgestelle für Kriegsbeschädigte und Kriegshinterbliebene.
LitUG.	=	Gesetz betr. das Urheberrecht an Werken der Literatur und Tonkunst.
LKultRG.	=	Landeskulturrentengesetz.
LohnBeG.	=	Gesetz betr. die Beschlagnahme des Arbeits- oder Dienstlohns.
LottG.	=	Gesetz über das Lotteriespiel.
LottV.	=	Verordnung über die Bedingungen öffentlicher Lotterien und Ausspielungen.
LT.	=	Landtag.
LTAbg.	=	Landtagsabgeordneter.
LTGeschO.	=	Landtagsgeschäftsordnung.
LVA.	=	Landesversicherungsamt.
LWG.	=	Landeswahlgesetz.
LWO.	=	Landeswahlordnung.

M.

MABl.	=	Ministerialamtsblatt der bayerischen inneren Verwaltung, herausgegeben vom Staatsministerium des Innern.
MaßO.	=	Maß- und Gewichtsordnung.

MB.	= Ministerialbekanntmachung.
M. d. L.	= Mitglied des Landtags.
M. d. R.	= Mitglied des Reichstags.
ME.	= Ministerialentschließung.
MErl.	= Ministerialerlaß.
Mitt.	= Mitteilungen.
Mot.	= Motive (mit Band und Seitenzahl).
ESchG.	= Gesetz über Mieterschutz und Mieteinigungsämter.
MStGB.	= Militärstrafgesetzbuch.
MünchBauO.	= Münchener Bauordnung.

N.

NachlG.	= Gesetz betr. das Nachlaßwesen.
n. F.	= neue Fassung.
NotG.	= Notariatsgesetz.
NotGebO.	= Notariatsgebührenordnung.
NotGeschO.	= Notariatsgeschäftsordnung.
Nov.	= Novelle.
Nr.	= Nummer.

O.

O.	= Ordnung (in zusammengesetzten Bezeichnungen z. B. GestütsO. = Gestütsordnung, PostO. = Postordnung).
ÖdlG.	= Ödlandgesetz.
o. E.	= ohne Erinnerung.
öff.	= öffentlich.
OLG.	= Oberlandsgericht.
OLGMünchenSt.	= Sammlung von Entscheidungen des Oberlandesgerichts München in Gegenständen des Strafrechts und Strafprozesses.
OPD.	= Oberpostdirektion.
OPolB.	= Ortspolizeibehörde.
o. V.	= ohne Vorgang.
OVA.	= Oberversicherungsamt.

P.

PachtSchO.	= Pachtschutzordnung.
PaßG.	= Gesetz über das Paßwesen.
PaßV.	= Verordnung vom 10. 6. 1919 über die Abänderung der V. betr. anderweitige Regelung der Paßpflicht.
PatG.	= Patentgesetz.
PBG.	= Polizeibeamtengesetz.
PEG.	= Pensionsergänzungsgesetz.
PolDir.	= Polizeidirektion.
PreßG.	= Gesetz über die Presse.
prot.	= protestantisch.
Prot.	= Protokoll(e) (mit Band und Seitenzahl).

PrOV.	=	Sammlung von Entscheidungen des Preußischen Oberverwaltungsgerichts.
PStG.	=	Personenstandsgesetz.
PStGB.	=	Polizeistrafgesetzbuch.

R.

RABl.	=	Reichsarbeitsblatt.
RAfA.	=	Reichsanstalt für Arbeitsvermittlung und Arbeitslosenversicherung.
RAnz.	=	Reichsanzeiger und Preußischer Staatsanzeiger.
RAbgO.	=	Reichsabgabenordnung.
RAO.	=	Rechtsanwaltsordnung.
RArbG.	=	Entscheidungen des Reichsarbeitsgerichts.
RArbM.	=	Reichsarbeitsministerium.
RBahnG.	=	Gesetz über die Deutsche Reichsbahn-Gesellschaft.
RBesBl.	=	Reichsbesoldungsblatt.
RBesG.	=	Reichsbesoldungsgesetz.
RBewG.	=	Reichsbewertungsgesetz.
RBG.	=	Reichsbeamtengesetz.
ReblG.	=	Reblausgesetz.
RE.	=	Regierungsentschließung.
Recht.	=	Das Recht, Rundschau für den Deutschen Juristenstand.
ref.	=	reformiert.
Reg.	=	Regierung.
RegBez.	=	Regierungsbezirk
RegBl.	=	Regierungsblatt.
Reger	=	Entscheidungen der Gerichte und Verwaltungsbehörden, herausgegeben von Reger.
RelKEG.	=	Gesetz über die religiöse Kindererziehung.
RelStG.	=	Religionsgesellschaftliches Steuergesetz.
REM.	=	Reichsministerium für Ernährung und Landwirtschaft.
RennwG.	=	Rennwett- und Lotteriegesetz.
RFBl.	=	Amtsblatt der Reichsfinanzverwaltung.
RFGr.	=	Reichsgrundsätze über Voraussetzung, Art und Maß der öffentlichen Fürsorge.
RFH.	=	Sammlung der Entscheidungen des Reichsfinanzhofs.
RFM.	=	Reichsfinanzministerium.
RFV.	=	Reichsverordnung über die Fürsorgepflicht.
RG.	=	Reichsgesetz, Reichsgericht.
RGBl.	=	Reichsgesetzblatt.
RGBl. I, II.	=	Reichsgesetzblatt, Teil I, Teil II.
RGSt.	=	Entscheidungen des Reichsgerichts in Strafsachen.
RGZ.	=	Entscheidungen des Reichsgerichts in Zivilsachen.
RInnM.	=	Reichsministerium des Innern.
RJM.	=	Reichsjustizministerium.
RKB.	=	Reichskanzlerbekanntmachung.

RMBl.	= Reichsministerialblatt.
RPM.	= Reichspostministerium.
RR.	= Reichsrat.
Rspr.	= Rechtsprechung; Rechtsprechung des Reichsgerichts in Strafsachen; der Oberlandesgerichte auf dem Gebiete des Zivilrechts.
RsprAufw.	= Rechtsprechung in Aufwertungssachen.
RStAG.	= Reichs- und Staatsangehörigkeitsgesetz.
RStBl.	= Reichssteuerblatt.
RStGH.	= Reichsstaatsgerichtshof.
RStGHG.	= Reichsgesetz über den Staatsgerichtshof.
RStimmO.	= Verordnung über Reichswahlen und Abstimmungen (Reichsstimmordnung).
RT.	= Reichstag.
RTAbg.	= Reichstagsabgeordneter.
RV.	= Reichsverfassung.
RVA.	= Reichsversicherungsamt, Entscheidungen des Reichsversicherungsamts.
RVersorgG.	= Reichsversorgungsgesetz, Entscheidungen des Reichsversorgungsgerichts.
RVM.	= Reichsverkehrsministerium.
RVO.	= Reichsversicherungsordnung.
RWehrM.	= Reichswehrministerium.
RWG.	= Reichswahlgesetz.

S.

s.	= siehe.
S.	= Seite (nicht: Satz).
Samml.	= Sammlung.
SchAufsG.	= Gesetz über Schulpflege, Schulleitung und Schulaufsicht an den Volksschulen (Schulaufsichtsgesetz).
SchBG.	= Schulbedarfgesetz.
SchundSchrG.	= Gesetz zur Bewahrung der Jugend vor Schund- und Schmutzschriften.
SchußwG.	= Gesetz über Schußwaffen und Munition.
SchwBeschG.	= Gesetz über die Beschäftigung Schwerbeschädigter.
SeuchenG.	= Gesetz betr. die Bekämpfung gemeingefährlicher Krankheiten.
SeuffArch.	= Seufferts Archiv für Entscheidungen der Oberlandesgerichte.
SeuffBl.	= Seufferts Blätter für Rechtsanwendung.
sog.	= sogenannt.
SoergelRspr.	= Jahrbuch des Zivilrechts, herausgegeben von Soergel.
SozPr.	= Soziale Praxis und Archiv für Volkswohlfahrt.
SpionG.	= Gesetz gegen den Verrat militärischer Geheimnisse.
SprengstG.	= Gesetz über verbrecherischen und gemeingefährlichen Gebrauch von Sprengstoffen.
StAnz.	= Staatsanzeiger.

StArch.	=	Steuerarchiv, Zeitschrift für das gesamte Steuerwesen.
StenBer.	=	Stenographischer Bericht.
StG.	=	Stempelgesetz.
StGB.	=	Reichsstrafgesetzbuch.
StGH.	=	Bayerischer Staatsgerichtshof.
StGHG.	=	Gesetz über den Bayerischen Staatsgerichtshof.
StM.	=	Staatsministerium.
StNV.	=	Steuernotverordnung.
StPO.	=	Strafprozeßordnung.
StrRegV.	=	Strafregisterverordnung.
StrVerkO.	=	Oberpolizeiliche Vorschrift über den allgemeinen Verkehr auf öffentlichen Wegen (Straßenverkehrsordnung).

T.

T.	=	Teil.
TanzV.	=	Verordnung über Tanzlustbarkeiten.
TelO.	=	Telegraphenordnung für das Deutsche Reich.
TelWG.	=	Telegraphenwegegesetz.
Tit.	=	Titel.
T. V.	=	Termin vormerken.

U.

u. a.	=	unter anderem.
Üb.	=	Übereinkommen.
ÜbergG.	=	Gesetz, Übergangsvorschriften zum Bürgerlichen Gesetzbuche betreffend.
u. dgl.	=	und dergleichen.
UStG.	=	Umsatzsteuergesetz.
UnlWG.	=	Gesetz zur Bekämpfung des unlauteren Wettbewerbs.
UnschZG.	=	Gesetz, das Unschädlichkeitszeugnis betreffend.
Urk.	=	Urkunde.
Urt.	=	Urteil.
u. s. w.	=	und so weiter.
UWG.	=	Gesetz über den Unterstützungswohnsitz.

V.

V.	=	Verordnung.
VA.	=	Versicherungsamt.
VBl.	=	Verordnungsblatt.
Verf.	=	Verfügung.
VerG.	=	Vereinsgesetz.
VerglO.	=	Vergleichsordnung.
VergnStO.	=	Vergnügungssteuerordnung (Art. II der Bestimmungen des Reichsrats über die Vergnügungssteuer, RGBl. 1926 I S. 262/1929 I S. 134).

Verh.	= Verhandlung(en).
VerlG.	= Gesetz über das Verlagsrecht.
VermStG.	= Vermögenssteuergesetz.
VersAufsG.	= Gesetz über die Beaufsichtigung der privaten Versicherungsunternehmungen und Bausparkassen (Versicherungsaufsichtsgesetz).
VersorgVerfG.	= Gesetz über das Verfahren in Versorgungssachen.
VersVG.	= Gesetz über den Versicherungsvertrag (Versicherungsvertragsgesetz).
VerwArch.	= Verwaltungsarchiv.
VGG.	= Gesetz, betr. die Errichtung eines Verwaltungsgerichtshofs und das Verfahren in Verwaltungsrechtssachen (Verwaltungsgerichtsgesetz).
VGH.	= Bayerischer Verwaltungsgerichtshof, Sammlung von Entscheidungen des Bayerischen Verwaltungsgerichtshofs.
vgl.	= vergleiche.
v. g. u.	= vorgelesen, genehmigt und unterschrieben.
v. H.	= vom Hundert.
ViehmängelV.	= Verordnung, betr. die Hauptmängel und Gewährfristen beim Viehhandel.
VLG.	= Volksschullehrergesetz.
VOB.	= Verdingungsordnung für Bauleistungen.
VollzAnw.	= Vollzugsanweisung.
VollzBek.	= Vollzugsbekanntmachung.
VollzV.	= Vollzugsverordnung.
VollzVorschr.	= Vollzugsvorschrift(en).
vorl.	= vorläufig.
Vorschr.	= Vorschrift.
Vt.	= Vertrag.
VU.	= Verfassungsurkunde des Freistaates Bayern.

W.

W.	= Weglegen.
WarenZG.	= Gesetz zum Schutze der Warenbezeichnungen.
Weber	= Gesetz- und Verordnungssammlung von Weber.
WeideG.	= Gesetz über die Ausübung und Ablösung des Weiderechts auf fremden Grund und Boden.
WG.	= Wassergesetz.
WGewStG.	= Gesetz, betr. die Besteuerung des Gewerbebetriebs im Umherziehen.
WO.	= Wechselordnung.
WStG.	= Wechselsteuergesetz.
WuSt.	= Zeitschrift für Wirtschaft und Statistik.
W. V.	= Wieder vorlegen.

Z.

Z. A.	= zum Akt.
z. B.	= zum Beispiel.

ZBlVorm.	=	Zentralblatt für Vormundschaftswesen, Jugendgerichte und Fürsorgeerziehung.
ZEG.	=	Gesetz, die Zwangsabtretung von Grundeigentum für öffentliche Zwecke betr. (Zwangsenteignungsgesetz).
ZHeimWes.	=	Zeitschrift für Heimatwesen.
Ziegler-Buchert	=	Bucherts Sammlung in der Praxis oft angewandter Verwaltungsgesetze und Verordnungen für Bayern, neu bearbeitet von Dr. Ziegler.
Ziff.	=	Ziffer.
ZÖffR.	=	Zeitschrift für öffentliches Recht.
ZPO.	=	Zivilprozeßordnung.
ZStW.	=	Zeitschrift für die gesamte Strafrechtswissenschaft.
ZustUrk.	=	Zustellungsurkunde.
ZustV.	=	Verordnung betr. die Zuständigkeit der Verwaltungsbehörden in Sachen des Reichs- und des Polizeistrafgesetzbuchs, V. zur Ausführung des BGB. und seiner Nebengesetze (Zuständigkeitsverordnung).
ZVG.	=	Gesetz über die Zwangsversteigerung und die Zwangsverwaltung.
z. Z.	=	zur Zeit.

Anlage 4, Muster 1.

Pasing, 14. November 1933.

**An
das Bezirksamt
München.**

Betreff:
Einbürgerung des Johann
Schmid von Salzburg.

Beilagen:
1 Reisepaß,
3 amtliche Zeugnisse.

....

....

....

....

....

....

....

....

....

Johann Schmid,
Kaufmann in Pasing,
Fritz-Reuter-Straße 14/II
(Rufnummer 80 506).

Anlage 4, Muster 2.

Nr. 4312. N......................., 25. November 1933.

Bezirksamt N.......................

Fernruf 316,

Postsch.-Konto: Nürnberg 28123.

An
die Regierung von Oberfranken
und Mittelfranken,
Kammer des Innern,
in Ansbach.

Betreff:
Gemeinderechte in Jxdorf.

Zur Entschl. vom
14. Oktober 1933 Nr. 765 b 9.

Beilagen:
5 Akten.

Referent:
Regierungsrat Schulze.

....

....

....

....

....

....

....

....

....

(Unterschrift)

Anlage 4, Muster 3.

Nr. 2625. N ...., 15. November 1933.

Bezirksamt N ....

Fernruf 316, Postsch.-Konto: Nürnberg 28 123.

An

das Bezirksamt O................

Betreff:

Reinigung der Wildach.

....

Zum Schreiben vom 3. November 1923 Nr. 4763. ....

....

....

Beilagen:

2 Aktenhefte } g. R.
1 Plan

....

....

....

....

....

....

(Unterschrift)

Anlage 4, Muster 4.

Nr. 416. N......................, 10. November 1933.

Bezirksamt N......................
Fernruf 316, Postsch.-Konto: Nürnberg 28 123.

An
Herrn Emil Heuschmid,
Händler
in Emheim.

Betreff:
Wandergewerbeschein.

Zur Eingabe
vom 2. November 1933.

Beilagen:
....

(Unterschrift)

Anlage 4, Muster 5, a—e.

Nr. 7853.

a) Mit 2 Akten und 4 Beilagen
vorgelegt der Regierung von Oberbayern,
Kammer des Innern,
in München.

Das Gesuch wird befürwortet ....

Traunstein, 5. November 1933.
Bezirksamt.
(Unterschrift)

Nr. 1276.

b) Betreff:
Gemeindewahlen.

I. Abgabenachricht.
II. Mit 1 Eingabe
an das Bezirksamt Eggenfelden
zur Behandlung.

Regensburg, ... November 1933.
Regierung von Niederbayern und der Oberpfalz,
Kammer des Innern.
(Unterschrift)

Nr. 11 825.

c) G. R. mit 2 Beilagen

an das Bezirksamt Bergzabern

zum Bericht.

Speyer, 17. November 1933.

Regierung der Pfalz,

Kammer des Innern.

(Unterschrift)

T. V. 2 Wochen.

Nr. 2728.

d) G. R. mit 3 Beilagen

an das Finanzamt Sonthofen

mit dem Ersuchen um Äußerung.

Sonthofen, 14. November 1933.

Amtsgericht.

(Unterschrift)

Nr. 3472.

e) G. R.

an Herrn *Fabrikdirektor Johann Stahlmann*
in *Leinersheim*, Hs.-Nr. 15
zur Anfügung der genannten Beilagen.

Kandel, ... November 1933.

Messungsamt.

(Unterschrift)

Anlage 4, allgem. Vordrucke aa—cc.

A. V. aa)

Vordruck für ein Erinnerungsschreiben an gleichgeordnete Behörden.

(Postkarte oder Viertelbogen)

Nr. ....

München, ...

Regierung von Oberbayern,
Kammer des Innern.

Postanschrift: München 22,
Brieffach.

Betreff:

....

Mein Schreiben

vom .... Nr. .....

bringe ich ....

in Erinnerung.

(Unterschrift)

A. V. bb)

Vordruck für ein Mahnschreiben.

(Postkarte oder Viertelbogen)

Nr. ....

Speyer, ...

Regierung der Pfalz,
Kammer des Innern.

Die RE.

Betreff:

vom .... Nr. .....

....

ist .... zu erlegen.

(Unterschrift)

A.V. cc)

Vordruck für eine Abgabenachricht.
(Postkarte oder Viertelbogen)

Nr. ....

Straßen- und Flußbauamt
Kempten.

Kempten, ...

Betreff:

....

Ihr Schreiben vom........................

ist an das zur Behandlung zuständige

abgegeben worden.

(Unterschrift)

Anlage 4, Vordruck dd).

Dienstausweis.

Raum für das
Lichtbild

Siegel so aufdrücken,
daß es einen Teil des
Lichtbilds deckt.

(Unterschrift
des Inhabers)

Din A 6 (105 · 148 mm)

Falz

Dienstausweis
für

Herrn ....

....

in ....

.................., ... 19 . .

(Fertigung der Behörde)

Anlage 4, Vordruck ee).

Gültig bis
zum Ende des Kalenderjahres 19 . . .

Lfd. Nr. ....

Bild

Stempel

Ausweis zur bevorzugten Abfertigung von Amtsstellen

für den Schwerbeschädigten ....

....

in ....

Sämtliche Amtsstellen werden gebeten,

Herrn

bei der Erledigung eigener Angelegenheiten bevorzugt abzufertigen, da er längeres Stehen oder Warten nicht ertragen kann.

Eigenhändige Unterschrift des Ausweisinhabers.

Der Ausweis ist nicht übertragbar.

Stempel

.............................., ... 19 . .

Bezirksamt (Stadrat) ....

Din A 6 (105 · 148 mm)

Anlage 4, Muster 6.

<------ 62 mm ------>

1)

Nr. 12827. X ....12, 9. November 1933.

Ottostr. 76.

Polizeidirektion X............

Fernruf 9872, Postscheckkonto Nürnberg 14217.

An

Herrn Albert Maier,

Gastwirt,

X............18

Hindenburgstr. 12/II.

<--20 mm-->

2)

Betreff:

Verlängerung der Polizeistunde.

Zum Gesuch vom 4. Nov. 1933.

<------ 105 mm ------>

Beilagen:

....

3)

I. A.

(Unterschrift)

Die mit 1) 2) 3) bezeichneten Striche bedeuten die Marken, wo der Bogen zur Verwendung im Fensterbriefumschlag zu falten ist.

Din A 4 (210 · 297 mm)

<----45 mm---->| 5 |<----40 mm---->|15 mm|<------105 mm------>|<------87 mm------>

Anlage 4, Muster 7.

Nr. 2656.

Betreff:

Staatsangehörigkeit des Johann Ullmann in Bad Tölz.

Mit 5 Beilagen
an das Bezirksamt Tölz
zum Schreiben vom 15. 10. 1933
Nr. 1164.

Rosenheim, 14. November 1933.

Dienst-
Siegel.

Anhang.

Bekanntmachung über Aktenaussonderung.

Vom 31. März 1932 (GVBl. S. 190).

Sämtliche Staatsministerien.

I.

Aktenaussonderung bei den staatlichen Stellen und Behörden.

§ 1.

Bei der Aussonderung (Ausscheidung) von Akten wie auch bei der sonstigen Aktenbehandlung ist zu beachten, daß die Bestände der Akten (Registraturen) vielfach wertvolles Staatsgut bilden, das über seine unmittelbare Zweckbestimmung hinaus auch für die Zukunft von Bedeutung ist.

§ 2.

I Aktengut ist auszusondern, wenn es für den Dienst der Stelle oder Behörde, bei der es angefallen ist, entbehrlich ist. Dies ist in der Regel ohne weiteres anzunehmen, wenn das Aktengut seit mehr als 50 Jahren abgeschlossen ist. Entbehrliches Aktengut aus der Zeit vor dem Jahre 1818 und entbehrliches Aktengut von aufgehobenen Stellen oder Behörden, deren Aufgaben nicht von einer anderen Stelle oder Behörde übernommen wurden, muß der Archivverwaltung (§ 4) angeboten werden.

II Zum Aktengut gehören auch Bücher, Drucksachen, Pläne, Zeichnungen, Lichtbilder, Schallplatten und sonstige Gegenstände, die nach dem Akteninhalte Bestandteile oder Beilagen der Akten geworden sind.

§ 3.

Die Aktenaussonderung soll in geeignet bemessenen Zeiträumen, spätestens alle zehn Jahre, stattfinden.

§ 4.

I Aktengut, das als entbehrlich ausgesondert wird, aber wegen seiner Bedeutung für staatliche Bedürfnisse (Rechtspflege, Verwaltung, Statistik), für die wissenschaftliche Forschung und ähnliche Zwecke nicht vernichtet werden darf (Archivgut), ist ausschließlich an die staatlichen Archive abzugeben.

II Archivgut, das bei den für das ganze Land gemeinsam staatlichen Stellen anfällt, ist grundsätzlich dem Hauptstaatsarchive, das der übrigen Stellen und Behörden dem örtlich zuständigen Staatsarchiv (in Oberbayern dem Hauptstaatsarchiv, Abteilung Kreisarchiv München) zu überweisen.

III Das vernichtungsreife Aktengut ist dem Einstampf zuzuführen. Das Eigentum des Staates an dem Stampfgut ist bis zur erfolgten Einstampfung vorzubehalten. Mit dem Erwerber ist ein Vertrag nach dem Muster der Anlage 1 abzuschließen. Anlage 1.

§ 5.

I Jede Aktenaussonderung ist dem Generaldirektor der staatlichen Archive anzuzeigen. Die Anzeige hat auch dann zu erfolgen, wenn es sich nach der Auffassung der aussondernden Stelle oder Behörde nicht um Archivgut, sondern um Stampfgut handelt.

II Mit der Anzeige ist eine kurze Gruppenübersicht der zur Aussonderung bestimmten Akten zu verbinden.

§ 6.

Soweit es sich bei den weiteren Verhandlungen als notwendig erweist, ist über einzelne Aktengruppen ein besonderes Verzeichnis zu fertigen („Aussonderungsverzeichnis“; s. Anlage 2). Für das Verzeichnis, das nur einseitig beschrieben werden soll, ist haltbares Papier zu verwenden. Zwei Stücke des Verzeichnisses sind dem Generaldirektor der Staatlichen Archive zu übersenden. Anlage 2.

§ 7.

I Die Archivverwaltung kann auf ihre Kosten die zur Aussonderung bestimmten Akten zur Prüfung anfordern oder einen Archivbeamten zur Einsichtnahme abordnen.

II Ersuchen der Archivverwaltung um Besichtigung der Akteien ist stattzugeben, soweit nicht dienstliche Bedenken entgegenstehen.

§ 8.

I Vor der Entscheidung der Archivverwaltung darf über das ausgesonderte Aktengut nicht verfügt werden. Trifft der Generaldirektor der staatlichen Archive innerhalb zweier Monate nach Absendung der Aussonderungsanzeige keine Entscheidung, so ist seine Zustimmung zu der von der Behörde in Aussicht genommenen Behandlung des Aktengutes anzunehmen. Ist eine Aktenaussonderung — z. B. wegen Raumnot — besonders dringlich, so ist die Archivverwaltung schon bei der Aussonderungsanzeige (§ 5) hierauf aufmerksam zu machen.

II Bei aufbewahrungswürdigen Akten dürfen Unterschriften, Siegel, Freimarken oder andere Bestandteile nicht entfernt und auch sonst keine Veränderungen vorgenommen werden, die den Wert dieser Akten mindern.

§ 9.

Den von der Archivverwaltung zur Prüfung oder Aufbewahrung angeforderten Akten ist ein Verzeichnis der abgegebenen Akten („Abgabeverzeichnis") in zweifacher Fertigung beizufügen; ein Stück ist von der Archivverwaltung mit der Empfangsbestätigung an die abgebende Stelle oder Behörde zurückzusenden. Als Abgabeverzeichnis wird regelmäßig das Aussonderungsverzeichnis (§ 6) verwendet werden können.

§ 10.

Doppelstücke von Büchern, Drucksachen, Plänen usw. (§ 2 Abs. II), die sich in dem ausgesonderten Archivgut befinden, soll die Archivverwaltung nach Benehmen mit der Direktion der Staatsbibliothek an staatliche Büchereien abgeben.

§ 11.

Die durch die Aussonderung erwachsenden unmittelbaren Kosten der Aktenversendung werden bis auf weiteres von der Archivverwaltung getragen, soweit die Akten nicht — z. B. wegen der Geringfügigkeit des ausgeschiedenen Archivgutes — als Postpakete gesandt werden können.

§ 12.

Zur Erleichterung künftiger Aktenaussonderungen soll, sobald sich im Laufe der Bearbeitung die Bedeutung einer Sache in rechtlicher, politischer, geschichtlicher, volkskundlicher oder ähnlicher Hinsicht ergibt (§ 4 Abs. I), der zugehörige Aktenumschlag in auffallender Weise mit dem Vermerk: „Staatsarchiv" versehen werden. Der gleiche Vermerk ist in die laufenden behördlichen Aktenverzeichnisse oder Register aufzunehmen.

§ 13.

Für einzelne Verwaltungen können nach Benehmen mit dem Staatsministerium des Äußern besondere Vorschriften erlassen werden.

§ 14.

Die Aussonderung des im Eigentum des bayerischen Staates stehenden, bei Reichsbehörden verwahrten, sowie des infolge Besorgung von Landesgeschäften durch Reichsbehörden bei diesen anfallenden Aktengutes erfolgt im Benehmen mit den zuständigen Reichsbehörden.

§ 15.

I Die Aktenaussonderung gehört zu den ordentlichen Dienstesaufgaben der mit den Akteigeschäften betrauten Beamten und Angestellten. Sie hat regelmäßig im laufenden Dienste zu geschehen. Besondere Vergütungen nach Art. 25 Abs. II BBesG. können in der Regel nicht gewährt werden.

II Soweit die Aussonderung größerer Aktenbestände und ihre Verwertung in Einzelfällen besonders umfangreiche Arbeiten verursacht, können unter der sachlichen Voraussetzung des Art. 25 Abs. II BBesG. den beteiligten Beamten aus dem Erlös für die Staatskasse besondere Vergütungen bis zum Höchstbetrag von äußerstenfalls 50 v. H. des Reinerlöses gewährt werden. Dabei darf dem Reinerlös ein Wertansatz für wiedergewonnenes noch verwendbares Material nicht zugerechnet werden. Zur Gewährung solcher Vergütungen zuständig sind die Staatsministerien, für die nachgeordneten Stellen im Geschäftsbereich des Staatsministeriums der Justiz die Präsidenten der Oberlandesgerichte, im Geschäftsbereich des Staatsministeriums für

Unterricht und Kultus die Rechnungsprüfungsstellen, im übrigen die Regierungen, Kammern des Innern oder Kammern der Forsten. Für Stellen und Behörden außerhalb des Geschäftskreises der Staatsministerien der Justiz und für Unterricht und Kultus, die hinsichtlich ihrer Personalverhältnisse einer Regierung nicht unterstehen, entscheidet die Dienstaufsichtsstelle, und wenn diese keine bayerische Stelle ist, das Staatsministerium der Finanzen.

III Die Erlöse aus den Aktenaussonderungen sind auf den Ansatz „Gemischte Einnahmen: Aus verkauften Einrichtungsgegenständen usw.", die etwaigen Vergütungen auf den Ansatz „Sonstige Ausgaben" je bei dem Haushalte für „Sonstige Einnahmen" zu verrechnen.

II.

Aktenaussonderung bei sonstigen öffentlich-rechtlichen Körperschaften usw.

§ 16.

Die vorstehenden Bestimmungen gelten sinngemäß auch für das Aktengut der Gemeinden, Bezirke, Kreise und der sonstigen Körperschaften des öffentlichen Rechtes sowie der Anstalten und Stiftungen des öffentlichen Rechtes, soweit das Verfügungsrecht über das Aktengut dem Staate zusteht. Steht das Verfügungsrecht über das Aktengut den beteiligten Gemeinden, Bezirken, Kreisen, sonstigen Körperschaften des öffentlichen Rechtes oder Anstalten und Stiftungen des öffentlichen Rechtes selbst zu, so wird ihnen dringend nahegelegt, von beabsichtigten Aktenaussonderungen den Generaldirektor der staatlichen Archive in Kenntnis zu setzen und das Archivgut an die staatlichen Archive abzugeben, falls sie nicht eigene fachmännisch geleitete Archive besitzen. Bei Gesellschaften, an denen der Staat, Gemeinden, Bezirke, Kreise oder sonstige Körperschaften des öffentlichen Rechtes beteiligt sind, hat der Generaldirektor der staatlichen Archive darauf hinzuwirken, daß Vereinbarungen mit den zuständigen Verwaltungen über eine dem vorstehenden Satze 2 entsprechende Behandlung des Aktengutes getroffen werden.

III.

Schlußvorschriften.

§ 17.

I Diese Bekanntmachung tritt am 1. April 1932 in Kraft.

II Gleichzeitig werden folgende Vorschriften aufgehoben:

1. Ministerialentschließung über den Übergang der standes- und gutsherrlichen Gerichtsbarkeit an den Staat vom 29. Juli 1848 (Döllinger XXIV S. 59).

2. Ministerialentschließung über die Erhaltung in historischer oder statistischer Hinsicht wertvoller Papiere und Akten bei Ausscheidungen in den Registraturen vom 14. März 1856 (Weber IV S. 738).

3. Ministerialentschließung über die Abgabe von Gerichtsakten an die Archivkonservatorien vom 6. Dezember 1868 (JMBl. S. 260).

4. Ministerialentschließung über die Überfüllung der Archive und Registraturen, hier die Aufbewahrung der Forstrügeakten vom 19. April 1869 (JMBl. S. 104, FMBl. S. 116).

5. Ministerialentschließung über die Erhaltung in historischer oder statistischer Hinsicht wertvoller Papiere und Akten bei Ausscheidungen in den Registraturen vom 23. Juli 1870 (JMBl. S. 452).

6. Ministerialentschließung über die Erhaltung in historischer und statistischer Hinsicht wertvoller Manuskripte bei Ausscheidung von Amtsbibliotheken vom 4. August 1870 (JMBl. S. 452).

7. Ministerialentschließung über die Erhaltung in historischer und statistischer Hinsicht wertvoller Papiere und Akten vom 6. Januar 1871 (JMBl. S. 23, FMBl. S. 9).

8. Ministerialentschließung über die Erhaltung in historischer und statistischer Hinsicht wertvoller Papiere und Akten bei Ausscheidungen in den Registraturen vom 14. Januar 1871 (KMBl. S. 17).

9. Ministerialentschließung über die Amtsinspektionen und Extraditionen, hier die Registraturen der äußeren Ämter vom 11. und 20. Juli 1871 (JMBl. S. 237/238).

10. § 7 der Ministerialentschließung über die Registraturen der Bezirksämter vom 7. Oktober 1873 (MABl. S. 535).

11. Ministerialentschließung über die Remunerationen an die bei Aktenausscheidungen verwendeten Bediensteten vom 19. Januar 1877 (MABl. S. 29).

12. Bekanntmachung über die Remunerationen für die bei Aktenausscheidungen verwendeten Bediensteten vom 6. November 1881 (JMBl. S. 432).

13. Bekanntmachung über die Aktenausscheidungen bei den Justizbehörden des Königreichs vom 9. April 1882 (JMBl. S. 81, MABl. S. 154).

14. Ministerialentschließung über die Aktenausscheidungen bei den Justizbehörden des Königreichs vom 17. April 1882 (FMBl. S. 115).

15. Bekanntmachung über die Verrechnung der Kosten für Verpackung und Transport des an die Archive abzugebenden Registraturmaterials vom 31. Mai 1882 (JMBl. S. 136, MABl. S. 206, KMBl. S. 154, MABl. S. 156).

17. Bekanntmachung über die Vernichtung von Belegen über Kriegswochenhilfe vom 3. November 1923 (StAnz. Nr. 256).

18. Ministerialentschließung über Vergütungen für Aktenausscheidungen vom 12. Juli 1929 (StAnz. Nr. 162, JMBl. n. F. Bd. III S. 326, MABl. S. 110, FMBl. S. 47).

III Aufrechterhalten werden:

1. Bekanntmachung über die Abgabe von Schriften und Drucksachen an die Bayer. Staatsbibliothek vom 5. Juli 1919 (JMBl. n. F. Bd. II S. 14).

2. Bekanntmachung über die Einziehung von Schriften, Abbildungen und Darstellungen vom 20. Dezember 1921 (JMBl. n. F. Bd. II S. 142, FMBl. S. 223).

3. Bekanntmachung über die Akten der Kommunalverbände vom 30. Juni 1924 (StAnz. Nr. 150).

4. Bekanntmachung über die Ausscheidung der für die ärztliche und tierärztliche Forschung wichtigen Akten vom 1. Oktober 1925 (StAnz. Nr. 227).

5. Ministerialentschließung über die Akten der staatlichen höheren Lehranstalten vom 23. April 1926 (StAnz. Nr. 95, KMBl. 1927 Nr. 87).

6. Bekanntmachung über die Aufbewahrung und Vernichtung von Akten der Schlichtungsausschüsse und ihrer arbeitsgerichtlichen Kammern vom 20. Mai 1926 (St.-Anz. Nr. 116).

7. Bekanntmachung über Aktenausscheidungen im Bereiche der staatlichen Finanzverwaltung vom 26. Februar 1927 (StAnz. Nr. 52, FMBl. S. 5) mit Ausnahme des 3. Absatzes.

8. Ministerialentschließung über die Akten der staatlichen höheren Lehranstalten in Bayern vom 24. März 1927 (KMBl. S. 84).

9. Bekanntmachung über die Ausscheidung der Akten bei den Justizbehörden vom 5. März 1932 (JMBl. S. 9).

München, den 31. März 1932.

J. A. Dr. **Bleyer.** J. V. **Spangenberger.** Dr. **Stützel.**
Dr. **Goldenberger.** J. A. Dr. **Neumaier.**

Anlage 1.

Vertrag über Stampfgut.

Die Firma ....

verpflichtet sich

1. die ihr von ....

übergebenen Akten im Gewichte von .... einzustampfen,

2. niemandem die Durchsicht der Akten zu gestatten, auch an niemand Teile der Akten abzugeben,

3. den Vollzug des Einstampfs dem genannten Amte mitzuteilen,

4. für die Stampfmasse den Betrag von .... *RM* zu entrichten.

Bis zum Vollzug des Einstampfs bleibt dem Staate das Eigentum an den Akten vorbehalten.

Anlage 2.

Aktenaussonderungs-Verzeichnis.

Lfd. Nr.	Bisheriges Aktenzeichen	Aktengegenstand (gegebenenfalls mit Bemerkung über Umfang des Aktes)	des Aktes		Bemerkungen der abgebenden Behörde über Aufbewahrungswürdigkeit	Bemerkungen der Archivverwaltung
			Anfangsjahr	Endjahr		

Sachverzeichnis.

(Die Zahlen bedeuten die Seiten).

FSC
www.fsc.org
MIX
Papier | Fördert
gute Waldnutzung
FSC® C083411

Kolibri 360 GmbH
Ferdinand-Jühlke-Straße 7
99095 Erfurt, Deutschland
produktsicherheit@kolibri360.de